编委会

本书为国家文物局重大研究项目“考古中国——长江中游文明进程研究”阶段性成果、国家社科基金重点项目“枣阳郭家庙墓地发掘报告”（项目批准号18AKG005）阶段性成果。

千年文脉

长江文明考古展·湖北

湖北省文物考古研究院

湖 北 考 古 博 物 馆

编

文物出版社

图书在版编目（CIP）数据

千年文脉：长江文明考古展：湖北 / 湖北省文物考古研究院，湖北考古博物馆编. -- 北京：文物出版社，2023.10
ISBN 978-7-5010-8189-9

Ⅰ.①千… Ⅱ.①湖… ②湖… Ⅲ.①长江流域－历史文物－湖北－图集 Ⅳ.①K872.632

中国国家版本馆CIP数据核字（2023）第179466号

千年文脉——长江文明考古展·湖北

编　　者　湖北省文物考古研究院、湖北考古博物馆

责任编辑　王　伟
封面题签　袁　伟
责任印制　张　丽

出版发行　文物出版社
社　　址　北京市东城区东直门内北小街2号楼
邮政编码　100007
网　　址　http://www.wenwu.com
经　　销　新华书店
制版印刷　天津图文方嘉印刷有限公司
开　　本　889mm×1194mm　1/16
印　　张　16.5
版　　次　2023年10月第1版
印　　次　2023年10月第1次印刷
书　　号　ISBN 978-7-5010-8189-9
定　　价　498.00元

序

2022年6月，湖北考古博物馆正式开馆。博物馆总展陈面积1050平方米，基本陈列包括“千年文脉——长江文明考古展·湖北”“世纪工程——三峡考古湖北成果展”和长江文明展（数字）。

走进“千年文脉——长江文明考古展·湖北”展厅，一幅标有重要考古遗存的湖北地图映入眼帘，三峡考古、南水北调考古、丹江库区文物调查以及建始人、郧县人、鸡公山、屈家岭、石家河、盘龙城、铜绿山等众多考古发现清晰可见。近70年来，湖北考古依托国家大遗址、“中华文明探源”和“考古中国”等主动考古项目，配合三峡工程、南水北调、高速公路和铁路建设等，取得了一系列重大考古发现。这些发现为阐释中国百万年的人类史、一万年的文化史、五千多年的文明史和多元一体中华文明的形成、发展提供了强有力的支撑，凸显了荆楚文化的悠久历史和深厚底蕴。

展览包括“人类起源”“文明之路”“夏商南土”“周之南国”“江汉入秦”5个部分，时间线自距今200万年左右的湖北建始人开始，至公元前221年秦统一六国止，通过1000余件出土文物和图文展板，呈现了源远流长的长江文明汇入博大精深的中华文明的历史进程。

湖北省文物考古研究院院长

目录

荆楚文化的精神特质

湖北省文物考古研究院

方勤

荆楚文化是悠久的中华文明重要组成部分，在中华文明发展史上地位举足轻重。荆楚文化作为中华文明的一份子，需要大力挖掘、研究其所体现的中华文明的突出特征，更好地认识、理解中华文明突出特征的连续性、创新性、统一性、包容性、和平性。

连续性。湖北有距今200万年的建始人、距今100万年的郧县人，以及距今75万年的梅铺人、距今50万年的白龙洞人、距今5万年的黄龙洞人，也有距今5万年至1万年的汉阳人，以及人类从洞穴走向平原的鸡公山遗址（距今5万年至1万年）；新石器时代时期，湖北境内发现了距今1万年有人工制作陶器的长阳桅杆坪遗址，之后的城背溪、大溪、屈家岭、石家河文化，以及盘龙城、黄陂郭元咀、铜绿山等曾楚系列遗址反映了高度发达的文明，共同实证了“百万年人类史、万年文化史、五千年文明史”。文明绵延不断，这是中华文明有别于埃及文明、两河流域文明、印度河流域文明以及玛雅文明、印加文明等世界其他古老文明最突出的特点。唯有中华文明不断延绵，薪火相传，历久弥新，直至今日仍然欣欣向荣。万年的桅杆坪陶器、太阳人石刻、柳林溪的原始文字、天文符号以及300万平方米的石家河城筑城技术、治水体系和琢玉技术，敬天法祖、以和为贵等许多理念和习俗、制度传承至今，成为了中华文明的文化基因和独特的民族精神，也是保持中华文明连续性的重要内生动力和坚强基石。

创新性。习近平总书记指出：“中华文明具有突出的创新性，从根本上决定了中华民族守正不守旧、尊古不复古的进取精神，决定了中华民族不惧新挑战、勇于接受新事物的无畏品格。”以距今1万年前长阳桅杆坪遗址为代表的湖北先民的制陶术、栽培稻；以柳林溪太阳人石刻上天文符号所代表的天文学；以石家河城为代表的治水体系和琢玉技术；以铜绿山遗址为代表的冶炼技术；以改写了世界音乐史的曾侯乙编钟为代表的先秦音乐认知；以楚国建筑的中国历史上第一段长城为代表的建筑技术；以楚国设立的第一个县为代表的城市等级制度；以楚国使用的第一支毛笔为代表的书写方式改革；以江陵马山一号楚墓丝织品所代表的高超丝绸技术；以张家山汉简、云梦汉简中《九章算术》为代表的数学知识；以宋代毕昇发明活字印刷所代表的印刷术革新；以李时珍为代表的完善中医体系，这些都反映了作为中华文明组成部分的荆楚文化具有鲜明创新精神。

统一性。习近平总书记指出：“中华文明具有突出的统一性，从根本上决定了中华民族各民族文化融为一体、即使遭遇重大挫折也牢固凝聚，决定了国土不可分、国家不可乱、民族不可散、文明不可断的共同信念，决定了国家统一永远是中国核心利益的核心，决定了一个坚强统一的国家是各族人民的命运所系。”作为中华文明组成部分的荆楚文化，始终是中华文明“多元一体”文明的一份子和积极推践行者。距今6000年左右，以彩陶为特征的仰韶文化就交流至宜昌三峡地区，屈家岭文化、石家河文化与良渚文化、南阳的黄山遗址、石卯遗址、陶寺遗址广泛交流，尤其进入后石家河文化的夏纪年时期,受到来自中原王湾三期文化的深入影响，与历史记载的禹征三苗相符，完全投入中原文明的怀抱，最新考古表明，是以德服，也充分说明中华文化的向心力，至商周以后，是一幅长江文明与黄河文明的交融史。正是中华文明的起源、形成、发展历史，统一性始终是主旋律，才构建了源远流长、历久弥新的灿烂文明。

包容性。习近平总书记指出:“中华文明的包容性，从根本上决定了中华民族交往交流交融的历史取向，决定了中国各宗教信仰多元并存的和谐格局，决定了中华文化对世界文明兼收并蓄的开放胸怀。”作为中华文明组成部分的荆楚文化，在起源、形成、发展过程中，始终秉持兼收并蓄，开放包容。新石器时期，屈家岭遗址、石家河遗址均发现了原产于北方的粟作物，石家河遗址出土玉器表现出对长江下游良渚文化玉琮和玉璧的学习、出土陶器有山东龙山文化陶鬶的元素；青铜时代有了更加广泛的交流，如来自西亚的曾侯乙料珠、越王勾践剑上镶嵌的玻璃，以及战国时期远传至阿尔泰地区的原产自楚国的丝绸、山字型铜镜等。

和平性。习近平总书记指出：“中华文明具有突出的和平性，从根本上决定了中国始终是世界和平的建设者、全球发展的贡献者、国际秩序的维护者，决定了中国不断追求文明交流互鉴而不搞文化霸权”。荆楚文化作为中华文明组成部分，始终秉承中华民族5000多年的“以和为贵”的理念。肖家屋脊文化（后石家河文化）时期华夏部落首领大禹对苗蛮部落地区采用的以德征服，楚庄王的“止戈为武”理念，以及明代梁庄王公元1419年金锭铭文“永乐十七年四月日西洋等处买到/八成色金壹锭伍拾两重”中的“买”字所体现的自由贸易精神,皆为和平的表现。远至蒙古、俄罗斯和欧洲的万里茶道，也是一条和平通道，是中国和平性的最好体现。

作为中华文明重要组成部分的荆楚文化，辉煌灿烂，挖掘其价值，推动荆楚文化的“创造性转化、创新性发展”，是我们的重要使命。一是加大研究、挖掘其价值。二是传播，以博物馆、国家考古遗址为载体的传播，艺术演出、非遗的传播。三是加强交流，开展展览双向交流，在文物展览、演艺等方面的双向交流。如以明年赴美国的“凤凰故地——青铜时代曾楚艺术展”、万里茶道等为品牌依托，讲好中华文明故事。

传承中华文明　坚定文化自信——湖北考古博物馆的责任与使命

湖北省文物考古研究院
丁淑娇

湖北考古博物馆收藏有自上世纪50年代以来历年湖北考古发掘的200余处遗存出土的考古标本2万余件，包括三峡工程正式开始前的宜昌杨家湾、白庙、三斗坪，秭归官庄坪等遗址文物，上世纪50年代丹江库区考古调查的文物，以及建始人、郧县人（图一）、鸡公山（图二）、屈家岭、石家河、盘龙城（图三）、铜绿山（图四）、雨台山等多个湖北重要考古遗址的文物标本。如何让这些收藏在库房的文物活起来，让其在实证百万年人类史、万年文化史、五千年文明史中发挥独特作用；如何讲好湖北考古的故事，让曾经默默无闻的考古人也走到大众视野中；如何推动考古成果的创新性发展，让古人的智慧在今天绽放光彩，这些是放在湖北省文物考古研究院，也是放在湖北考古博物馆面前的大课题。

湖北省文物考古研究院从2021年开始筹划考古博物馆的相关展览，推出了包括“千年文脉——长江文明考古展·湖北”“世纪工程——三峡考古湖北成果展”“长江文明数字展”等结合了考古成果、考古元素以及考古新科技展示的诸多常设展览。

作为展览最重要的语言，湖北考古博物馆的藏品有其独到的价值。与200万年前建始人、100万年前郧县人伴生的石器、哺乳动物化石，不仅见证了人类起源，同时也是最早的人类居住环境、生活状态的一个局部缩影；距今5到1万年前的鸡公山遗址出土

图一　郧县人遗址发掘现场

图二　鸡公山遗址发掘现场

图三　盘龙城一号宫殿遗址

图四　铜绿山春秋时期七号矿体遗址

石器、1万年前的桅杆坪遗址陶片资料，展现了人类从洞穴走进平原、进行炊煮烹饪、开启万年文化史的场景；城背溪、大溪、屈家岭、石家河文化的陶器、玉器和工具，有力地证明了中华民族五千年的文明史；肖家屋脊文化出土的惟妙惟肖的陶塑品、精美绝伦的玉饰，让我们在赞叹古人精湛工艺的时候不禁回想在没有精密仪器和现代工具的时代人们是如何制成如此精雕细琢的器物；商周时期令人赞叹的青铜器，则带来了国之重器的震撼，是国之大事的充分展示……经过考古工作者的发掘、整理、修复和研究，每一件文物都诉说了一个故事，而它们组合在一起，则是一幅壮丽的历史画卷。

湖北省文物考古研究院是“考古中国”长江中游文明进程研究夏商周课题组的牵头单位，也是“中华文明起源”石家河遗址等项目的承担单位。因此，当我们在观察、研究湖北考古博物院的藏品时，也会意识到它们在见证长江中游文明进程的同时也反映出长江中游与中原文明交流融合的过程：距今6000年左右，仰韶文化的影响到达了今天三峡大坝坝址所在的中堡岛（图五）；距今5000至4000年前后，屈家岭文

图五　宜昌中堡岛1993年发掘遗址

化、石家河文化强势北上，影响到以南阳黄山等遗址为代表的黄河流域；至夏纪年，王湾三期文化强势南下，影响直达江汉平原的肖家屋脊文化，与历史记载的“禹征三苗”事件契合；到商代，盘龙城遗址是商王朝势力直抵长江流域的桥头堡；周代，周王朝分封“汉阳诸姬”经营南方，随着王朝势力衰弱、礼崩乐坏，楚国一度争霸中原；随着秦统一，长江流域文明最终融入黄河流域文明的怀抱，共同构建了璀璨的中华文明。

走进湖北考古博物馆，最大的感受可能就是文物以陶器为主。与传统博物馆陈列了大量外形精美的文物不同，考古博物馆将更多的视角放在考古这个层面，尤其是考古的过程和考古的研究角度。从考古学的角度来讲，陶器是反映文化因素和文化变迁非常敏感的指标，又以陶器组合更能反映文化面貌和文化发展乃至文化影响，比如纪南城遗址出土的鼎、敦、壶的彩绘陶礼器组合，是比较典型的楚国贵族随葬陶器的特色（图六）；再比如高柄豆、粗圈足盘、小口广肩罐为组合代表的中原文化因素出现在肖家屋脊文化之中，反映出中原文化对长江文明的影响。考古博物馆还有一个独特性在于展陈的大量陶片标本，它们不是完整的陶器，也没有惊艳的彩绘，但在考古研究层面蕴含了十分丰富的文化信息，是考古博物馆展品的重要组成部分。考古博物馆有一件藏品，是一个陶鬲的鬲足，

图六　纪南城鸟瞰图

上面用刀刻划了一道槽作为装饰，这件文物发现于大冶铜绿山，具有明显的鄂东地方特色，它与鄂西楚国都城纪南城所发现的陶器形制截然不同，但我们通过与其同出的陶器（与楚国都城纪南城所出陶器形制一样）可以判断，当时两地存在人群的流动，甚至从政治地位上来说，楚国是对这里有控制权的（图七、图八）。

考古博物馆的展品还有一点值得一提，即对考古遗迹的解读会更多。比如在古遗址中发现的车辙痕迹，往小了说，是使用交通工具留下的痕迹，在更大的层面上，通过分析车辙可以了解古代道路古代运力等社会问题。专注于考古本身，不刻意追求展品的精美，而是讲考古故事，这个故事既有考古工作者研究出来的古代社会古代环境的故事，也有考古人从事考古工作的故事。

考古博物馆未来发展的一个重点是数字化应用。目前已经建成开放的“三峡文物保护成果展”，通过信

图七　曾侯乙墓发掘现场

息化技术手段实现了对考古过程的巧妙还原，用动漫的形式将枯燥的记录和采集的数据进行动态展示，让观众可以了解三峡文物的抢救修复过程。这种形式的展现，信息量大并且十分生动。此外，为突破地域和文物难齐全等局限而专门设计的长江流域文明数字展，以数字化方式将能够代表长江文明特质的上、中、下游100件文物进行集中化、比较性的呈现，对于长江文明的传播是一个极大的推动。

考古博物馆的另一个重点是开放与互动。考古成果展览目前已经为大家所熟悉，中国国家博物馆在建馆110周年之际，推出了“积厚流广——国家博物馆考古成果展”，今年又举办了“鉴往知远——新时代考古成果展”，这些展览主要还是为了向观众呈现中

图八　九连墩楚墓

国考古百年所取得的重大发现，这些成果也以精品文物为主。考古博物馆要从传统展陈中破局，就要打破传统博物馆隔着玻璃才能欣赏文物的惯例，把展品从玻璃展柜中拿出来，探索一些新的展陈方式。比如，将一些具有代表性、标本数量较多、具有研究意义的陶器、陶片放置在展台上，允许近距离观摩，对有条件的参观和学习团队甚至可以提供保护性的上手触摸和研究机会，真正地让文物不再是远观的物品，真正活起来。考古博物馆不仅肩负着传统博物馆所具有的职能，更需要在考古从小众走向公众的过程中扮演一个开放平台的角色。面对空前的考古热度，无论是社会研学团体，还是高校老师学生，考古从被动接受到主动传播的阶段，考古博物馆可以发挥的空间都是巨大的，是对传统博物馆非常重要的补充，给更多对考古有兴趣的观众深度了解考古工作的机会，给研究考古的学者学生近距离接触考古实物的机会。

习近平总书记指出："认识历史离不开考古学。"湖北考古博物馆的责任与使命，就在于传承中华文明、坚定文化自信。我认为，用独特的方式实证、阐释中华文明，是湖北考古博物馆的发展方向。用文物组合的方式，用考古学视角和知识展示文明，这是湖北考古博物馆的特色，也是湖北考古博物馆存在的价值和现实意义。

千年文脉

长江文明考古展·湖北

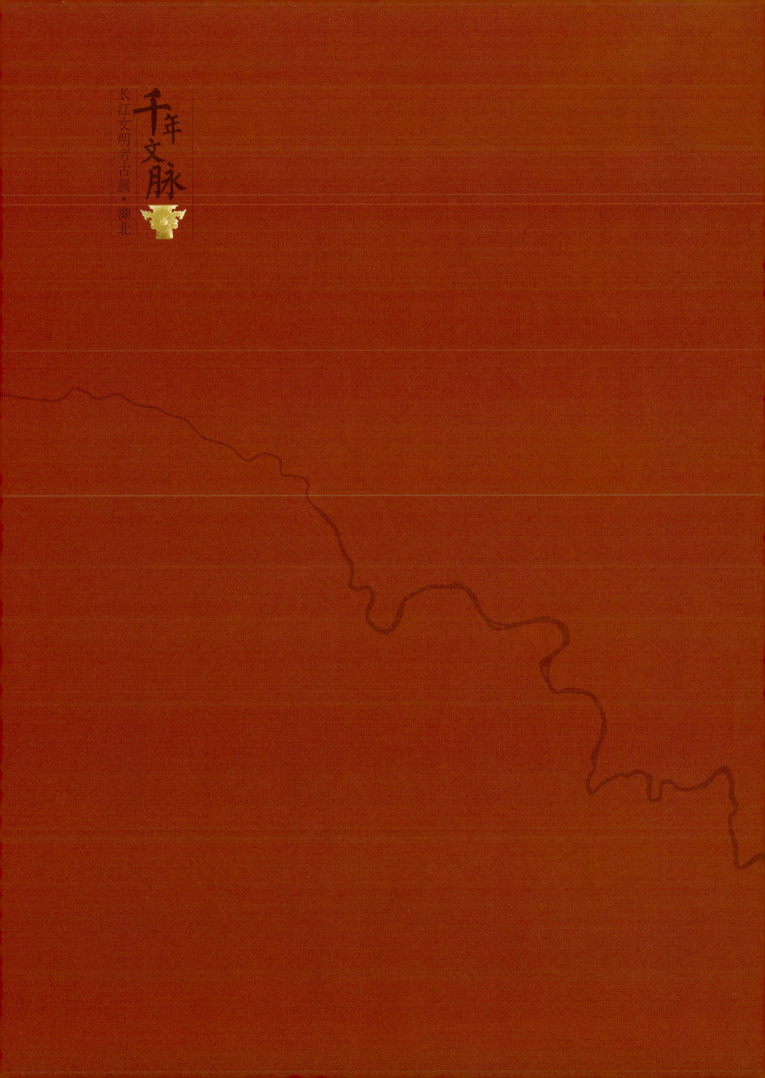

前言

长江，中国第一大河，与黄河并称中华民族的母亲河，它“造就了从巴山蜀水到江南水乡的千年文脉”，孕育的“荆楚文化是悠久的中华文明的重要组成部分，在中华文明发展史上地位举足轻重”。近70年来，湖北考古工作者依托国家大遗址、“中华文明探源”、“考古中国”等主动考古项目，配合三峡、南水北调、高速公路、高速铁路等国家重大工程及各项基本建设项目开展考古工作，取得了举世瞩目的成就，21项发现入选“全国十大考古新发现”和中国社会科学院考古学论坛中国考古新发现，6项入选“百年百大考古新发现”，为阐释百万年的人类史、一万年的文化史、五千多年的文明史和多元一体中华文明的形成、发展提供了强有力的支撑，展示了荆楚文化的深厚底蕴、长江文明的湖北高度，也为长江文明的传播作出了湖北贡献。

黄龙洞遗址
白龙洞遗址
梅铺猿人遗址
郧县人遗址
大寺遗址
庹家洲遗址
乔家院墓地
青龙泉遗址
李营遗址
辽瓦店子遗址
丹江口水库
石鼓遗址群
朱家台遗址
十堰市
汉江
堵河
宜渡河
七里河遗址
樟脑洞遗址
九里山秦墓
凤凰咀遗址
擂鼓台墓地
王坡墓地
山湾墓地
邓城城址
周家岗遗址
陈坡遗址墓地
襄阳市
真武山遗址
王树岗遗址
郭家岗遗址
楚皇城遗址
雷家坡秦墓
顾家坡遗址
穆林头遗址
乱葬岗遗址
沮水
荆门市
巫峡
西陵峡
长江
柳林溪遗址
覃家坨遗址
中堡岛遗址
白庙遗址
三峡水库
葛洲坝
宜昌市
建始人遗址
岳飞城遗址
左家墓地
磨盘山遗址
曹家岗墓地
赵家湖墓地
熊家家楚墓
包山楚墓
城河
季家湖城址
关庙山遗址
纪山楚墓群
望山楚墓
郭店楚墓
沙家/马山墓地
九店墓地
严仓楚墓
雨台山墓地
纪南城城址
鸡公山遗址
荆南寺遗址
郢城城址
汪家
荆州市
周梁玉桥遗址
沮漳河
桅杆坪遗址
香炉石遗址
清江
城背溪遗址
万福垴遗址
果酒岩遗址
长阳人地点
九道河遗址
恩施土家族苗族自治州

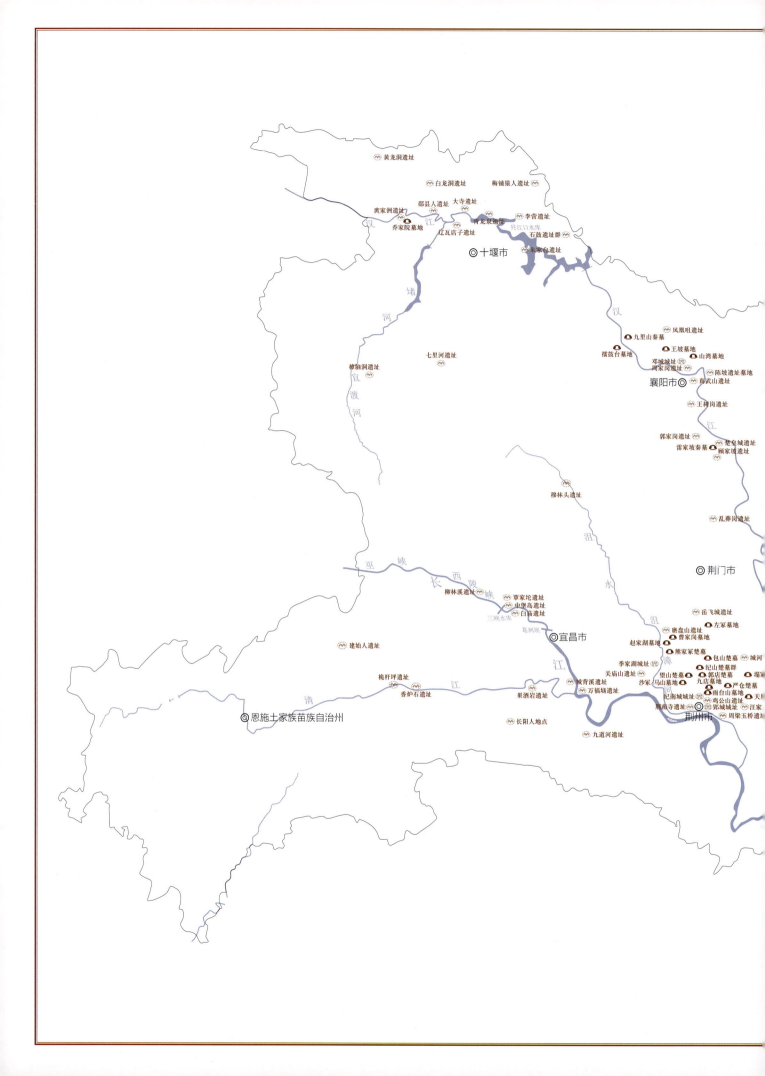

湖北省旧石器时代至秦统一六国前重要文化遗存分布示意图

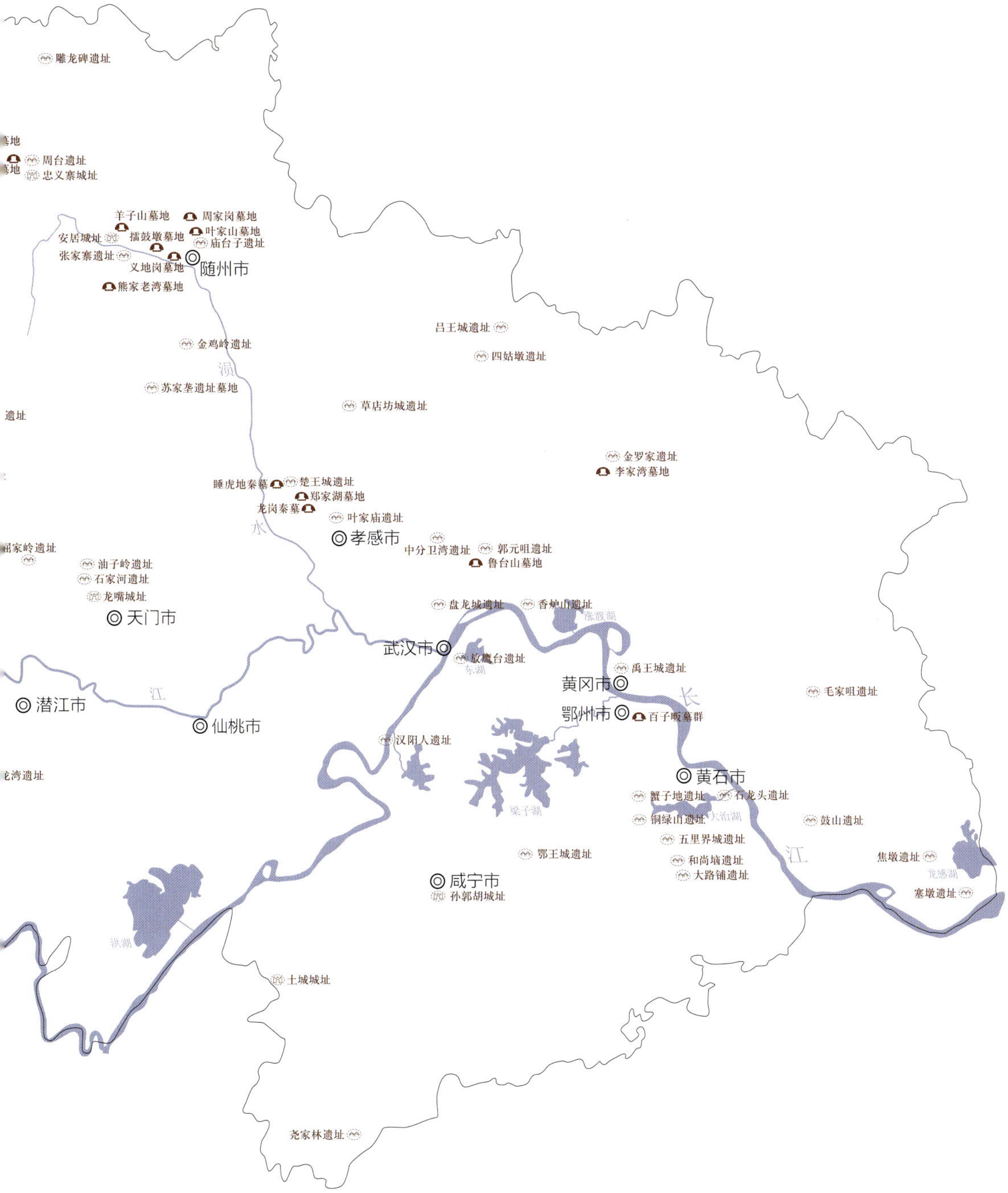

郧县人遗址发掘现场

壹·人类起源

“我们是谁”“我们从哪里来”“我们到哪里去”，是探索人类起源的首要问题。人类起源经历了南方古猿、能人、直立人、智人（早期智人、晚期智人）四个发展阶段。“最新考古成果表明，我国是东方人类的故乡，同非洲并列人类起源最早之地。”早期人类化石的发现使湖北成为探索人类起源的重要地区。

第一单元

湖北境内的古人类

湖北是我国发现古人类化石遗存最多的地区之一，境内发现的古人类化石遗址数量多，时代跨度长，发现了自距今200余万年的直立人建始人至距今1万多年的晚期智人汉阳人。

建始人

建始人遗址位于建始县高坪镇金塘村东南的巨猿洞。出土6枚牙齿化石，鉴定为人类旁支的魁人属，古爪哇魁人种。建始人距今215万年至195万年，“是我国，也是亚洲大陆上第一个时代这样老的有6颗牙齿作为证据的古人类”。伴出87种哺乳动物化石，出土较原始的小型打制石器。

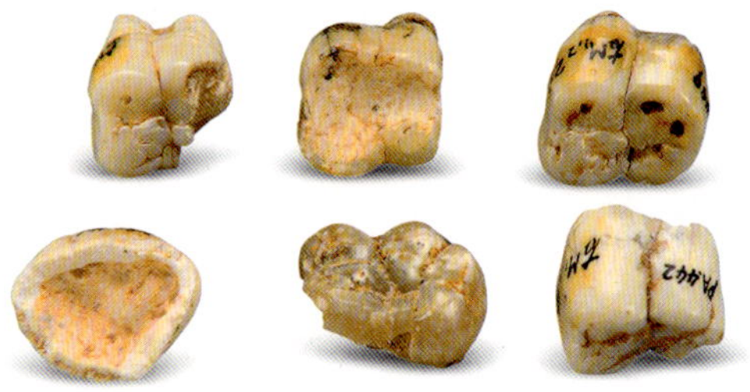

△ 建始人遗址出土古人类牙齿化石

△ 建始人遗址出土鹿牙化石

△ 建始人遗址出土燧石石器

湖北古人类遗址一览表

名称	地理位置	人类化石	哺乳动物化石	石器	距今年代（万年）
建始人遗址	建始县高坪镇金塘村巨猿洞	6枚牙齿化石，为人类旁支的魁人属	87种	小型刮削器、尖状器、雕刻器和石锤	215 ~ 195
郧县人遗址	十堰市郧阳区青曲镇弥陀寺村学堂梁子	两具头骨化石，属直立人类型	西藏黑熊、拟豺、鬣狗（桑氏鬣狗）、似剑齿虎、巨颏剑齿虎、贡巴祖虎、大熊猫、裴氏猫、猪獾、东方剑齿象、独角中国犀、中国貘、云南马、李氏野猪、原河猪（小猪）、水牛、短角丽牛、秀丽黑鹿、麂属、大角鹿、葛氏斑鹿、金丝猴等	砍砸器、手镐、手斧、刮削器、凹缺刮器和锯齿状器	100
梅铺人遗址	十堰市郧阳区梅铺镇西寺沟口村龙骨洞	4枚牙齿化石，属直立人类型	大熊猫、桑氏鬣狗、嵌齿象、剑齿象、马、貘、犀、小猪等20多种	仅1枚石核	早更新世，不晚于郧县人
白龙洞人遗址	郧西县安家镇白龙洞	7枚牙齿化石，属直立人类型	剑齿虎、更新猎豹、桑氏鬣狗、爪哇豺、武陵山大熊猫、剑齿象、中国貘、中国犀、云南水鹿、凤岐祖鹿、华丽黑鹿、苏门羚、青羊、广西巨羊、羚牛、短角丽牛、水牛、裴氏猪、竹鼠、豪猪、猪獾、大灵猫、熊、猫、虎、果子狸、狼、麂、麝等	刮削器、雕刻器、砍砸器	早更新世晚期，时代接近郧县人
长阳人遗址	长阳土家族自治县赵家堰乡黄家塘村下钟家湾	1枚上颌骨、1枚牙齿化石，属早期智人类型	豪猪、竹鼠、古豺、豺、小熊、熊猫、虎、猫科、獾、中国鬣狗、东方剑齿象、巨貘、中国犀、猪、牛、鹿等		20
黄龙洞人遗址	郧西县香口乡李师关村溶洞	7枚牙齿化石，属早期智人类型	东方剑齿象、古爪哇豺、最后斑鬣狗、大熊猫巴氏亚种、华南巨貘、中国犀、华南虎、水鹿、丽牛等83种	刮削器、砍砸器、尖刃器、雕刻器和石锤	10
果酒岩人遗址	长阳土家族自治县龙舟坪镇果酒岩村溶洞	头骨残片30余片，以及肢骨多片，属早期智人类型	零碎的猪牙、鹿牙和牛牙		晚更新世晚期
汉阳人遗址	武汉市蔡甸区纱帽镇长江边沙滩	1枚头盖骨，属晚期智人类型			5 ~ 1

郧县人

郧县人遗址位于十堰市郧阳区青曲镇弥陀寺村汉水左岸曲远河口的学堂梁子上。1989年发现一具基本完整的远古人类颅骨化石——郧县人Ⅰ号颅骨。经过1990～2022年十次发掘，除发现郧县人Ⅱ、Ⅲ号头骨外，还出土了大量石制品和伴生哺乳动物化石。郧县人Ⅰ、Ⅱ、Ⅲ号头骨年代距今约100万年，是更新世早期直立人化石，它们是我国近数十年古人类学最重要的发现之一。

△ 郧县人Ⅰ号头骨化石

△ 郧县人II号头骨化石

貘左下颌骨

鹿角

野猪上颌骨

鹿头骨

犀肱骨

△ 郧县人遗址出土哺乳动物化石

△ 郧县人遗址出土石器

长阳人

长阳人遗址位于长阳土家族自治县赵家堰乡黄家塘村下钟家湾。先后发现古人类上颌骨化石、左下第二前臼齿化石各1枚，伴出较多的哺乳动物化石。属早期智人类型，年代距今约20万年。

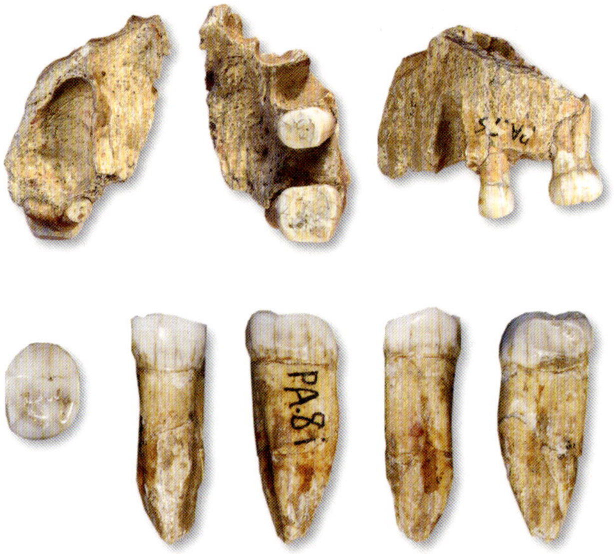

△ 长阳人上颌骨、牙齿化石

△ 长阳人遗址出土动物化石

汉阳人

汉阳人头骨化石于1997年在武汉市蔡甸区纱帽镇长江边沙滩上发现，原生地层不详。化石保存有额骨和左、右顶骨，额骨保存了整个鳞部和右侧眉脊中段，左侧顶骨乳突角破损，右侧顶骨颞缘有破损。枕骨沿人字缝脱失，冠状缝清晰，矢状缝基本愈合。推测该个体年龄大约在25至35岁之间，可能为女性，属晚期智人类型，年代距今约5万年至1万年。

△ 汉阳人头骨化石

第二单元

湖北重要旧石器时代遗址

旧石器时代是人类历史经历的第一个阶段，地质时代属上新世晚期更新世，距今约300万年至1.2万年。早期人类中的直立人、智人就处于这个阶段。中国旧石器时代遗址分布范围广，数量多。湖北地区发现旧石器时代文化遗址200余处，主要分布在鄂西北、鄂西南山区，江汉平原和鄂东南极少。这些遗址以距今约15万年为界，可分为旧石器时代早、晚两个阶段。

石龙头遗址

石龙头遗址位于黄石市西塞山区河口镇龙山村下刘湾的石灰岩裂隙式洞穴内，面积约20平方米。经过两次发掘，堆积分三层。出土了一批石制品和哺乳动物化石。时代为旧石器时代早期晚段，年代距今37.5万年至18.2万年。

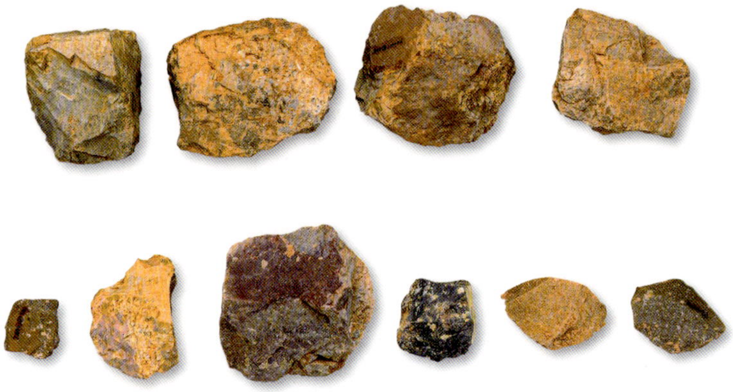

△ 石龙头遗址出土石器

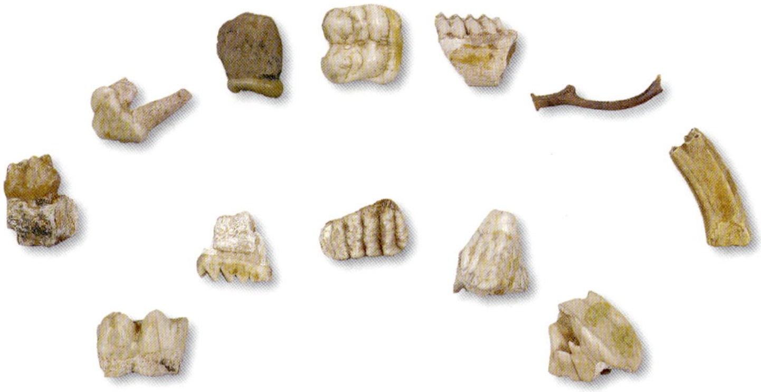

△ 石龙头遗址出土动物化石

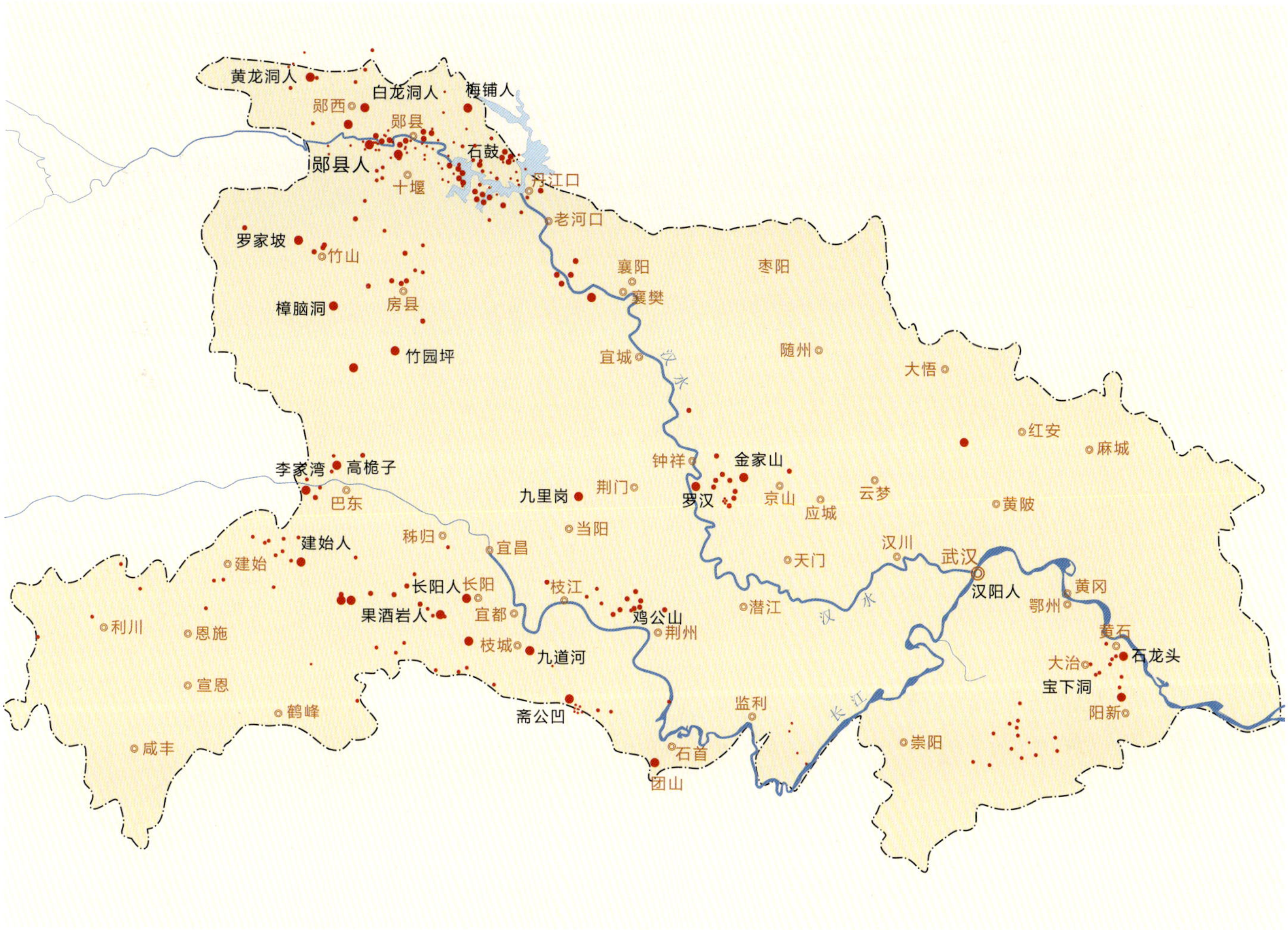

△ 湖北旧石器时代遗址分布示意图

鸡公山遗址

鸡公山遗址位于荆州市荆州区郢城镇郢北村鸡公山。面积约1000平方米，文化层厚0.6～0.75米，1992年发掘。堆积分上、下两层。上层出土石制品近500件，绝大部分是小型刮削器和尖状器，年代距今约2万年至1万年；下层是遗址主体，清理出面积约500平方米的人类居住活动面，发现五处由砾石围成的圆形石圈和脚窝遗迹，南面两处石器加工区出土有刮削器、尖状器、砍砸器等石器，以及石器加工工具如石锤、砧等，还出土了大量石核、石片，年代距今约5万年至4万年。该遗址是一处长期使用并保存完好的石器制作场，是我国首次揭示的旧石器时代人类在平原活动的历史遗迹，填补了我国旧石器时代平原居址的空白。

△ 鸡公山遗址遗址发掘现场

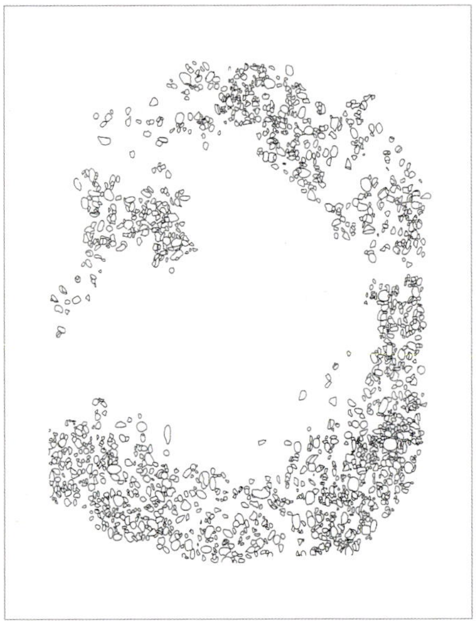

△ 鸡公山遗址石器制作场平面示意图

△ 鸡公山遗址出土石器

樟脑洞遗址

樟脑洞遗址位于房县中坝乡上坝村灰岩溶洞内。面积约35平方米。1986年发掘，堆积分五层，第2~4层出土石核、石片、砍砸器、刮削器等石制品2000余件；伴生动物化石有大熊猫、剑齿象、梅氏犀、巨貘、苏门羚、鹿、羊等13种，分属5个目，属大熊猫—剑齿象动物群。年代距今约1.3万年。

△ 樟脑洞遗址出土石器

石鼓遗址

石鼓遗址位于丹江口市石鼓镇石鼓河一级台地上。面积约500平方米，堆积厚约3米，分四层。在红色砂质黏土中采集有动物化石和石制品。动物化石有鬣狗、犀、虎、猪、鹿、牛的牙齿和破碎骨片。石制品有石核、石片、砍砸器和刮削器等，原料以燧石为主。时代属于旧石器时代晚期。

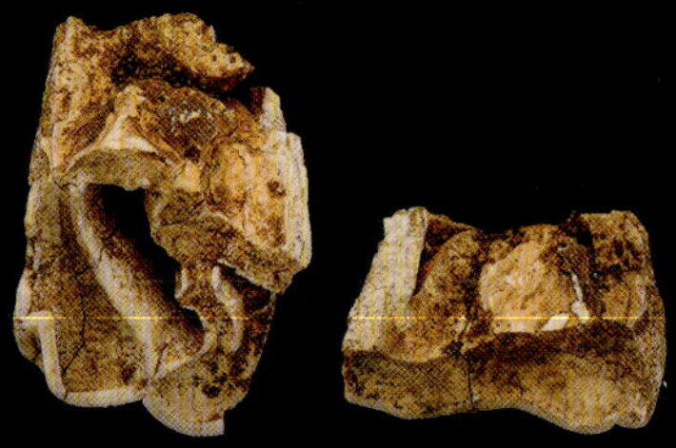

犀牛牙化石

牛牙化石

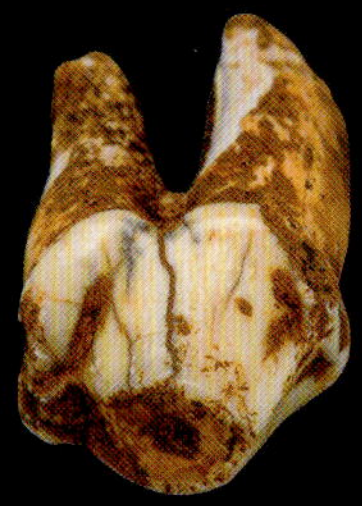

虎牙化石

△ 石鼓遗址出土哺乳动物化石

△ 石鼓遗址出土石器

九道河遗址

九道河遗址位于宜都市枝城镇九道河村灰岩溶洞中。1986年发现，经过三次发掘。洞内堆积厚3～5米，分四层。其中第三层出土500余件遗物，石制品有砍砸器、刮削器、石核、石片等；原料以石英岩为主，少量为燧石结核，加工方法均为锤击法。伴出动物化石种属有豪猪、熊猫、中国鬣狗、东方剑齿象、犀、巨貘、牛、鹿等，属大熊猫—剑齿象动物群。时代属于旧石器时代晚期。

△ 九道河遗址出土貘上颌骨化石

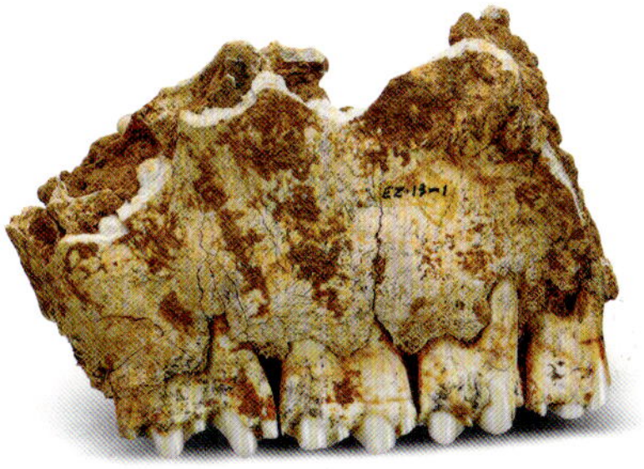

△ 九道河遗址出土牛上牙床化石

△ 九道河遗址出土石器

印信台遗址全景

贰·文明之路

距今1.2万年左右，人类社会进入新石器时代。湖北地区的新石器时代考古学文化经历了由群星闪耀、多元发展，到屈家岭、石家河文化实现区域统一，再到被南下的“煤山文化”同化，汇入华夏文明的过程。

第一单元

满天星斗

在距今 1.2 万年至 1 万年的旧、新石器时代过渡时期，长江中游地区存在着江西万年仙人洞吊桶环遗址、湖南道县玉蟾岩遗址、湖北长阳桅杆坪遗址等，是长江流域最早进入新石器时代的遗存。

到新石器时代早中期（距今约 7500 ～ 5500 年），湖北史前文化呈现多元发展、群星闪耀的格局，鄂西南、鄂西北、鄂东南、江汉平原地区分别形成了相对独立的文化体系，不同文化交流、融合，为湖北地区新石器时代晚期文化一统奠定了基础。

中国主要区域新石器时代文化发展序列

<table>
<tr><th colspan="4">长江中游</th><th rowspan="2">距今年代</th></tr>
<tr><th>鄂西南</th><th>江汉平原</th><th>鄂东南</th><th>鄂西北</th></tr>
<tr><td>城背溪</td><td></td><td></td><td>老官台</td><td>7500～6800</td></tr>
<tr><td>柳林溪</td><td>边畈</td><td rowspan="2">黄鳝嘴
薛家岗</td><td rowspan="2">后岗一期
下王岗二期</td><td>6800～6000</td></tr>
<tr><td>大溪</td><td>油子岭</td><td>6000～5500</td></tr>
<tr><td colspan="3" rowspan="2">屈家岭</td><td>朱家台</td><td>5500～5300</td></tr>
<tr><td></td><td>5300～4500</td></tr>
<tr><td colspan="4">石家河</td><td>4500～4200</td></tr>
<tr><td colspan="4">肖家屋脊</td><td>4200～3800</td></tr>
</table>

长江下游	距今年代
河姆渡	7500～6800
崧泽	6800～5500
马家浜	5500～5300
良渚	5300～4200
钱山漾	4200～3800

黄河中游	距今年代
老官台、裴李岗	7500～6800
仰韶	6800～5300
西王村	5300～4500
庙底沟二期	4500～4200
煤山	4200～3800

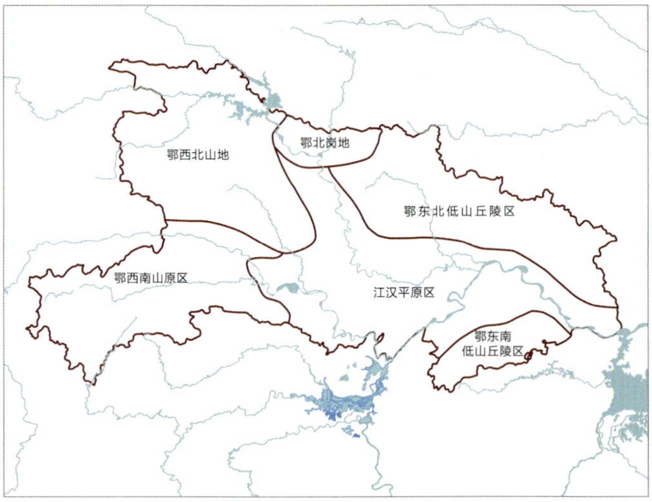

△ 湖北地形与文化格局示意图

〔第一组〕

鄂西南地区

鄂西南地区南邻洞庭湖平原，西接长江三峡，是联接湖北与湖南、长江中游与上游的通道。新石器时代早中期，鄂西南是湖北史前文化中心，发现了距今1万年左右的桅杆坪遗址。距今7500年之后，城背溪、柳林溪、大溪文化相继发展。大溪文化实现了江汉平原西部、洞庭湖平原、峡江地区考古学文化面貌的统一，出现了玉器和大型农业聚落，是长江中游文化发展的第一个高峰。

桅杆坪遗址

桅杆坪遗址位于长阳土家族自治县渔峡口镇赵家湾村清江南岸，文化层遭严重破坏。现地层分五层，清理出灰坑、房基、墓葬，时代为新石器时代初期至大溪文化晚期，跨度达近5000年。其中新石器时代初期遗存为遗址第五层，出土石铲、锤、片和10余块铁矿石，以及1件角器、1块黑色篮纹陶片，经放射性碳素测定，其绝对年代为距今10070 ± 190年，是湖北发现的最早的新石器时代文化遗存。

△ 桅杆坪遗址远景

△ 桅杆坪遗址发掘情况

△ 桅杆坪遗址出土新石器时代初期遗物

城背溪文化

城背溪文化主要分布于西陵峡与江汉平原西部，遗址多位于长江两岸，年代距今约7500～6800年。城背溪文化源于彭头山文化，生业经济以定居农业为主。其陶器制作水平不高，以泥饼拼筑法为主；夹炭夹砂陶约占90.57%，主要器类有釜、罐、支座、盘、钵等。生产工具基本为石器，有打、磨制之别，器类有斧、锛、铲、刀等。东门头遗址（距今约7700～7500年）采集的“太阳人”石刻表明当时可能存在太阳崇拜。

△“太阳人”石刻拓片

◆『太阳人』石刻1998年发现于宜昌市秭归县东门头遗址，长115、宽20、厚12厘米。石板上阴刻线条简洁的人像，其腰两侧刻划星辰，头上方刻划有二十三条光芒的太阳。『太阳人』石刻距今约7000年，是目前我国境内发现的最早反映太阳崇拜的文物。

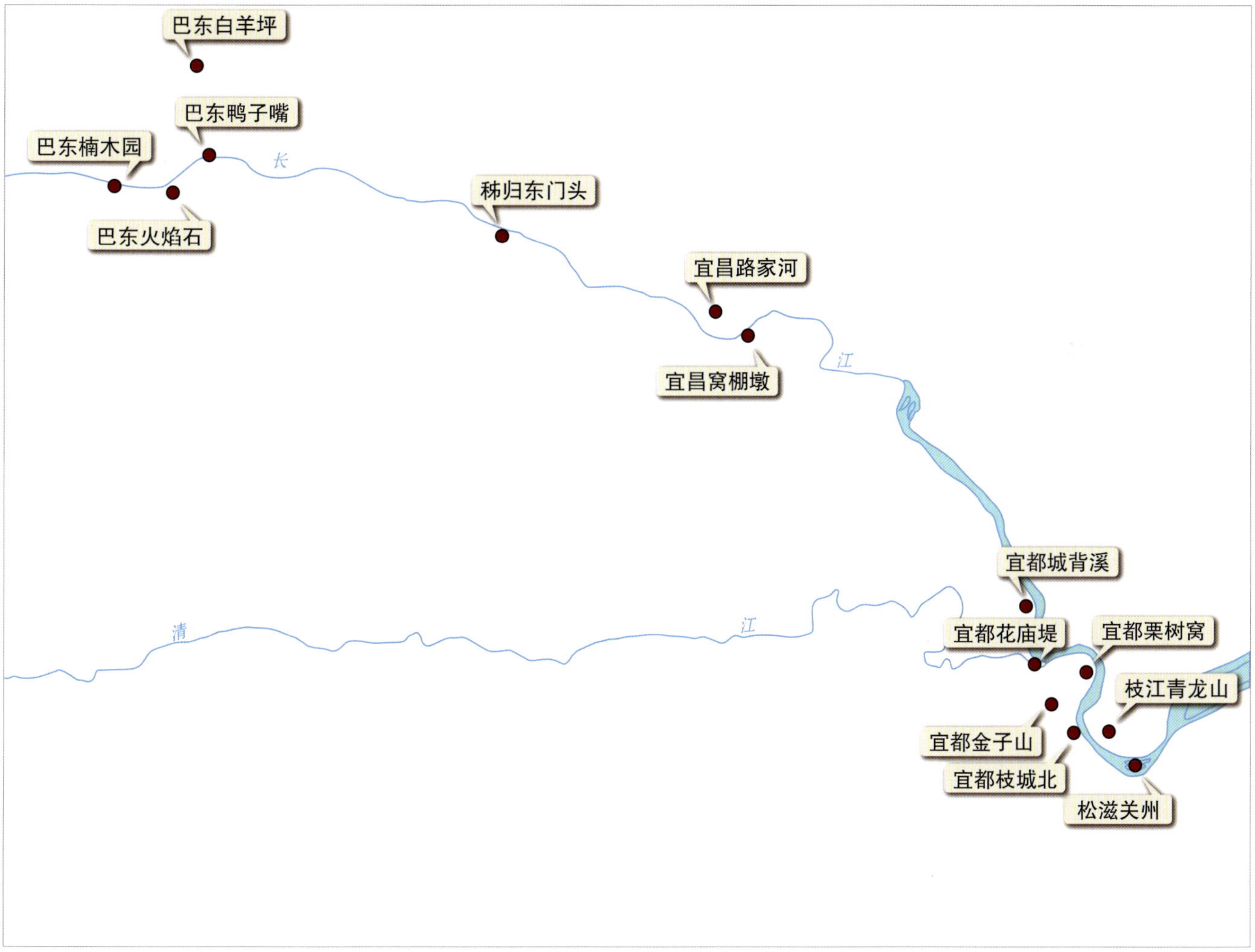

△城背溪文化遗址分布示意图

△ 城背溪遗址出土陶器

柳林溪文化

柳林溪文化由城背溪文化发展而来，年代距今约6800～6000年。陶器组合继承城背溪文化，但支座上出现了繁缛装饰，也出现了彩陶。峡江上、下游生业经济可能存在旱作和狩猎、采集之别。柳林溪遗址发现了大量刻画符号和圆雕石人像，暗示原始艺术已经起步。

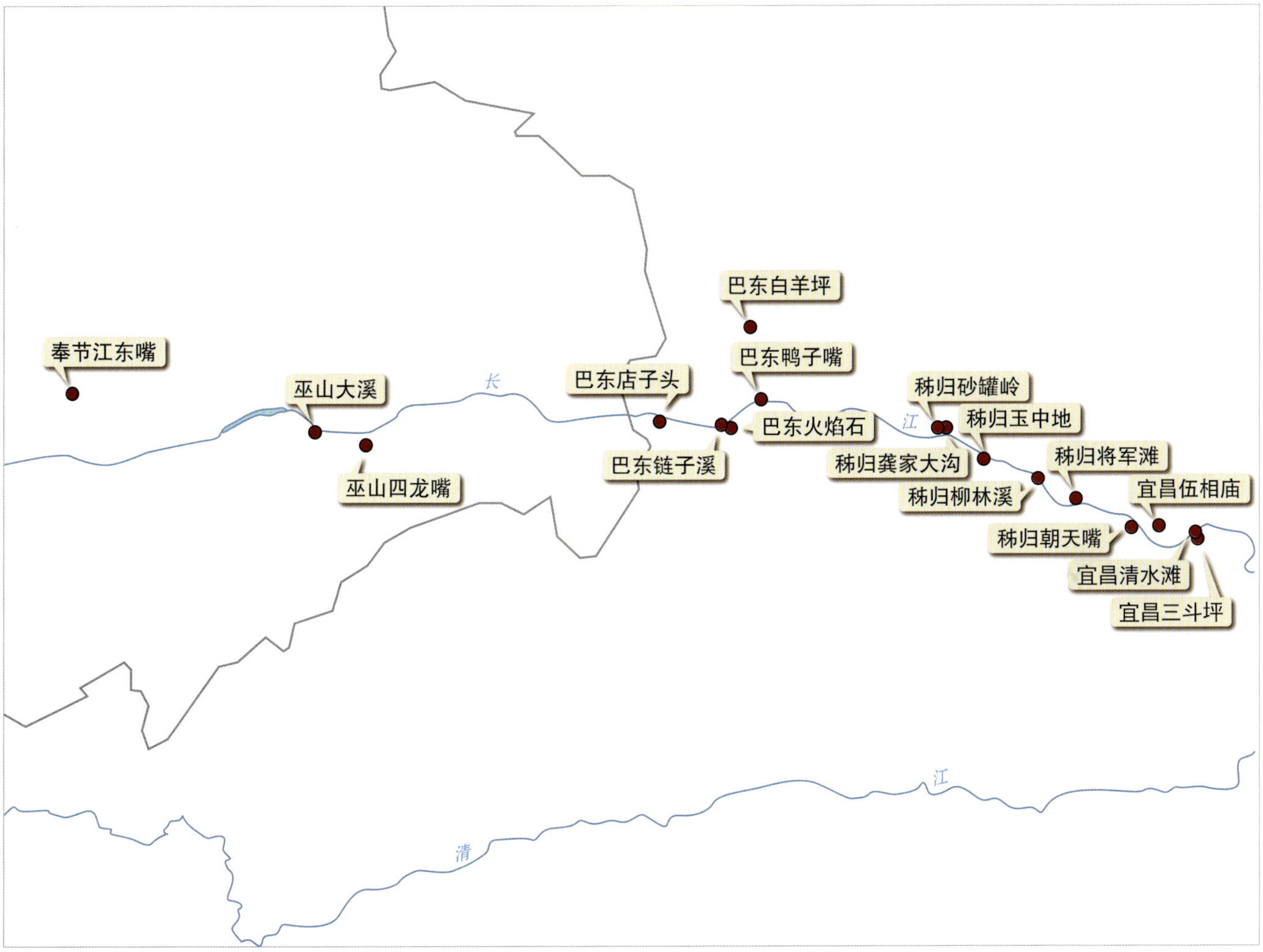

△ 柳林溪文化遗址分布示意图

△ 柳林溪遗址出土圆雕石人像

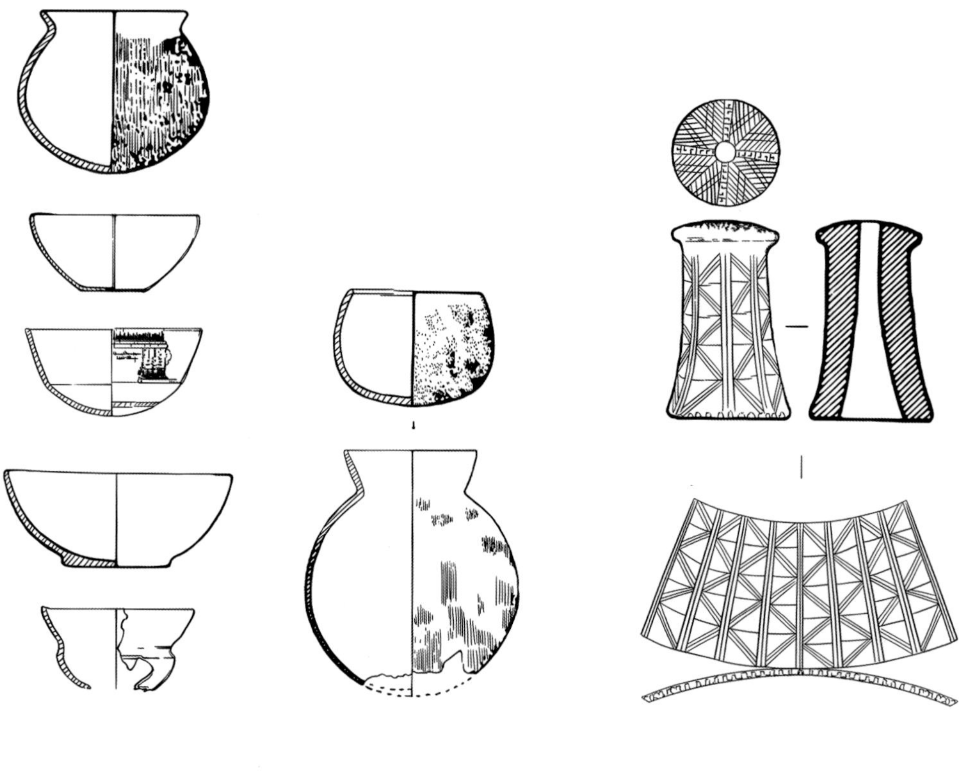

△ 柳林溪文化典型陶器

△ 三斗坪遗址出土柳林溪文化陶支座

△ 柳林溪遗址 T5 第④层出土柳林溪文化陶器

△ 柳林溪遗址 T4 第④层出土柳林溪文化陶器

大溪文化

大溪文化由柳林溪文化发展而来，年代距今约6000～5000年。大溪文化陶器普遍采用泥条盘筑法，后经慢轮修整成型；圈足器最多，圜底器、平底器次之，三足器所占比例最低；同时发现了少量乐器和长江中游最早的玉器。关庙山遗址发现的大溪文化红烧土房屋，是这一时期建筑的杰出代表。大溪文化是长江中游文化发展的第一个高峰，为后续屈家岭、石家河文化更大范围的考古学文化统一奠定了基础。这一时期，长江中游与周边地区通过绿松石、玉器、彩陶等已经产生了广泛的联系。

△ 大溪文化遗址分布示意图

△ 大溪文化典型陶器

△ 白狮湾遗址出土大溪文化陶器

△ 中堡岛遗址出土大溪文化陶器

△ 西寺坪遗址出土大溪文化陶器

〔第二组〕

鄂西北地区

鄂西北地区紧邻南阳盆地，是史前沟通黄河、长江流域的咽喉之地。这一时期，黄河流域的老官台文化、后岗一期文化和仰韶文化半坡类型、庙底沟类型先后南下主导鄂西北地区考古学文化面貌。直到朱家台文化出现，才实现了文化的本土化发展。

鄂西北地区新石器时代文化对照表

考古学文化	老官台文化	后岗一期文化	仰韶文化下王岗二期类型	朱家台文化
绝对年代	距今7500～6800年	距今6800～6000年	距今6000～5500年	距今5500～5300年
分布区域	渭水流域和汉水上游	冀南、豫北、豫中、豫西南、鄂西北	豫西南、鄂西北	豫西南、鄂西北
陶器特征	以夹砂红褐陶为主，泥质红褐陶次之。纹饰以绳纹、素面为主。组合以罐、钵、三足钵、小口广肩壶等为主	以夹砂红褐陶为主，泥质红褐陶次之。纹饰以素面为主。组合以钵、鼎、罐等为主	以夹砂红褐陶为主，泥质红陶次之。纹饰以绳纹为主，彩绘次之。组合以鼎、罐、瓮、盆、钵等为主	以夹砂灰陶为主，泥质灰陶次之。纹饰以素面为主，弦纹次之。组合以鼎、罐、钵、盆、瓮、器盖等为主
定位	鄂西北最早的新石器时代遗存	中原文化系统对长江流域的影响		鄂西北区域文化特色形成

老官台文化

老官台文化（距今约7500～6800年）主要分布于渭水流域和汉水上游，是该区域最早的旱作农业遗存。湖北境内目前仅发现庹家洲遗址一处，陶器主要有筒腹罐、圆腹罐、鼓腹罐、圜底钵、平底钵、三足钵、碗、小口广肩壶、器盖等，文化面貌与汉水上游一致。同时，鄂西南地区的城背溪文化中也发现了老官台文化因素。

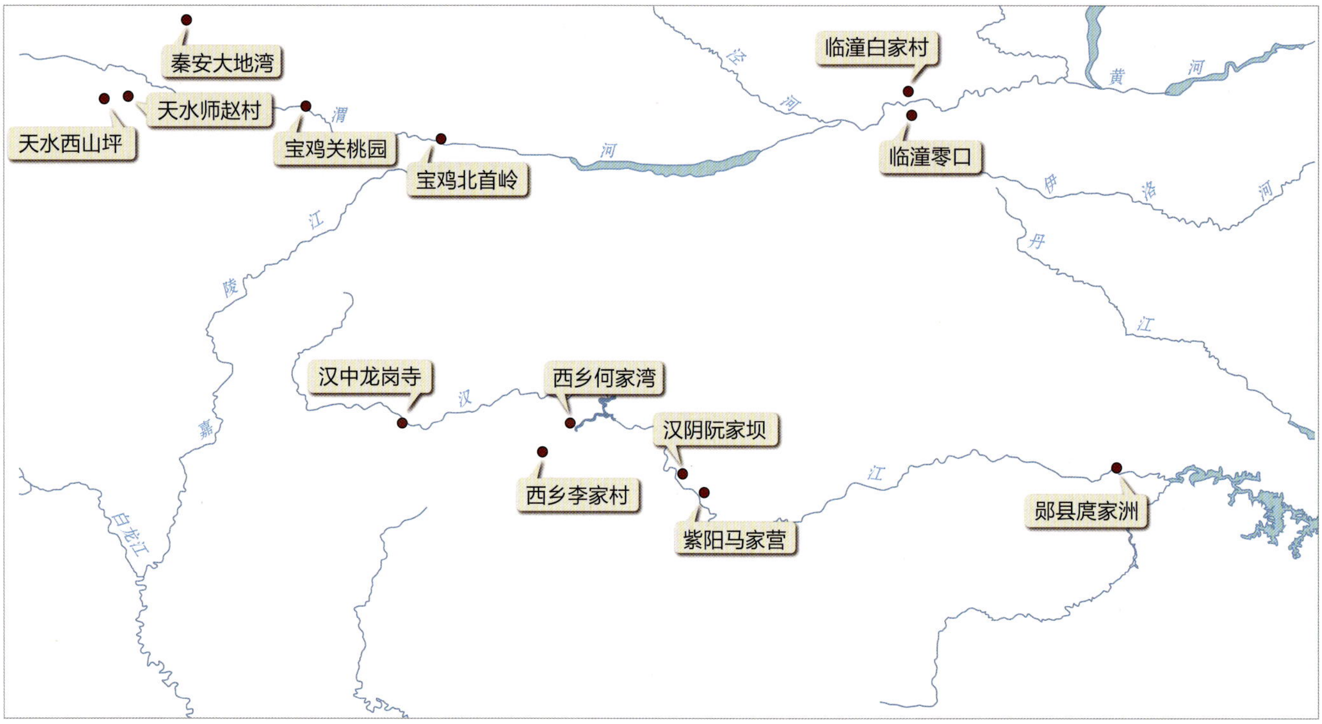

△ 老官台文化遗址分布示意图

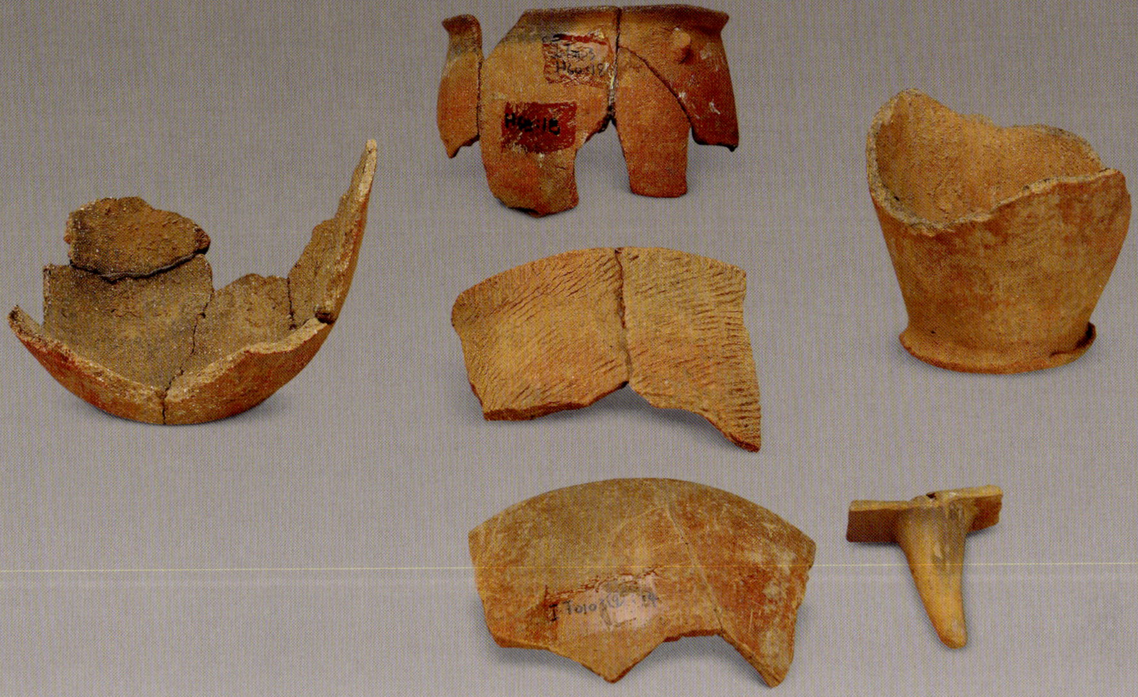

△ 庹家洲遗址出土老官台文化陶片

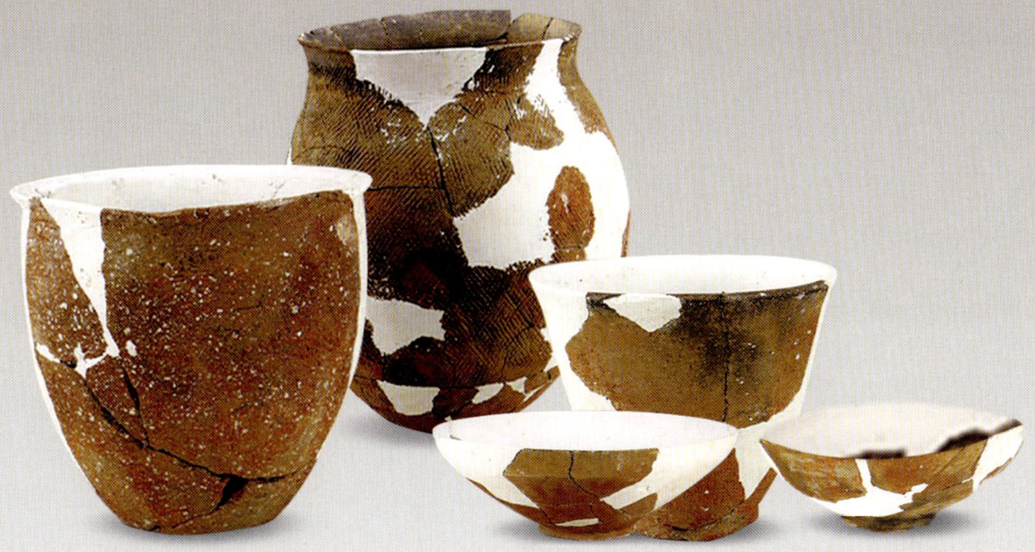

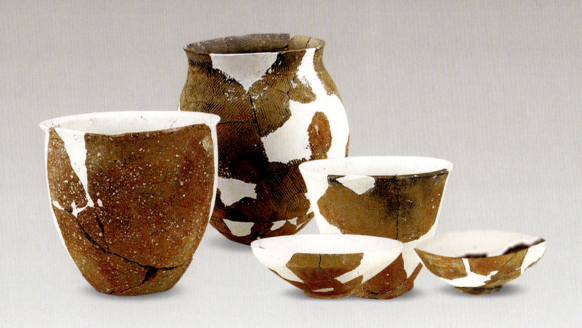

△ 庹家洲遗址出土老官台文化典型陶器

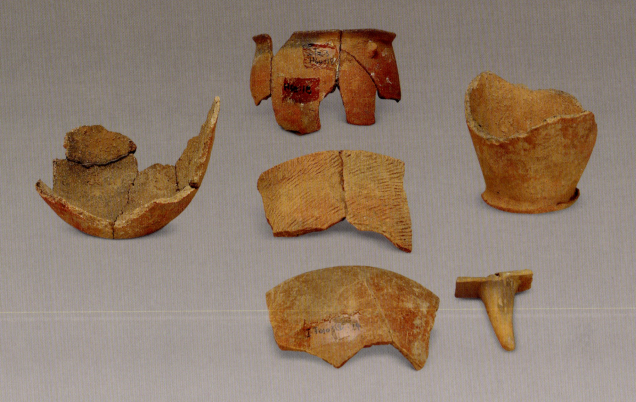

后岗一期文化

后岗一期文化（距今约6800～6000年）主要分布于豫北冀南、豫中、豫西南、鄂西北地区。典型陶器以泥质红陶为主，主要器类有鼎、钵、碗、罐、支座、盆、鼓等，与以彩陶为主的仰韶文化形成了鲜明对比。

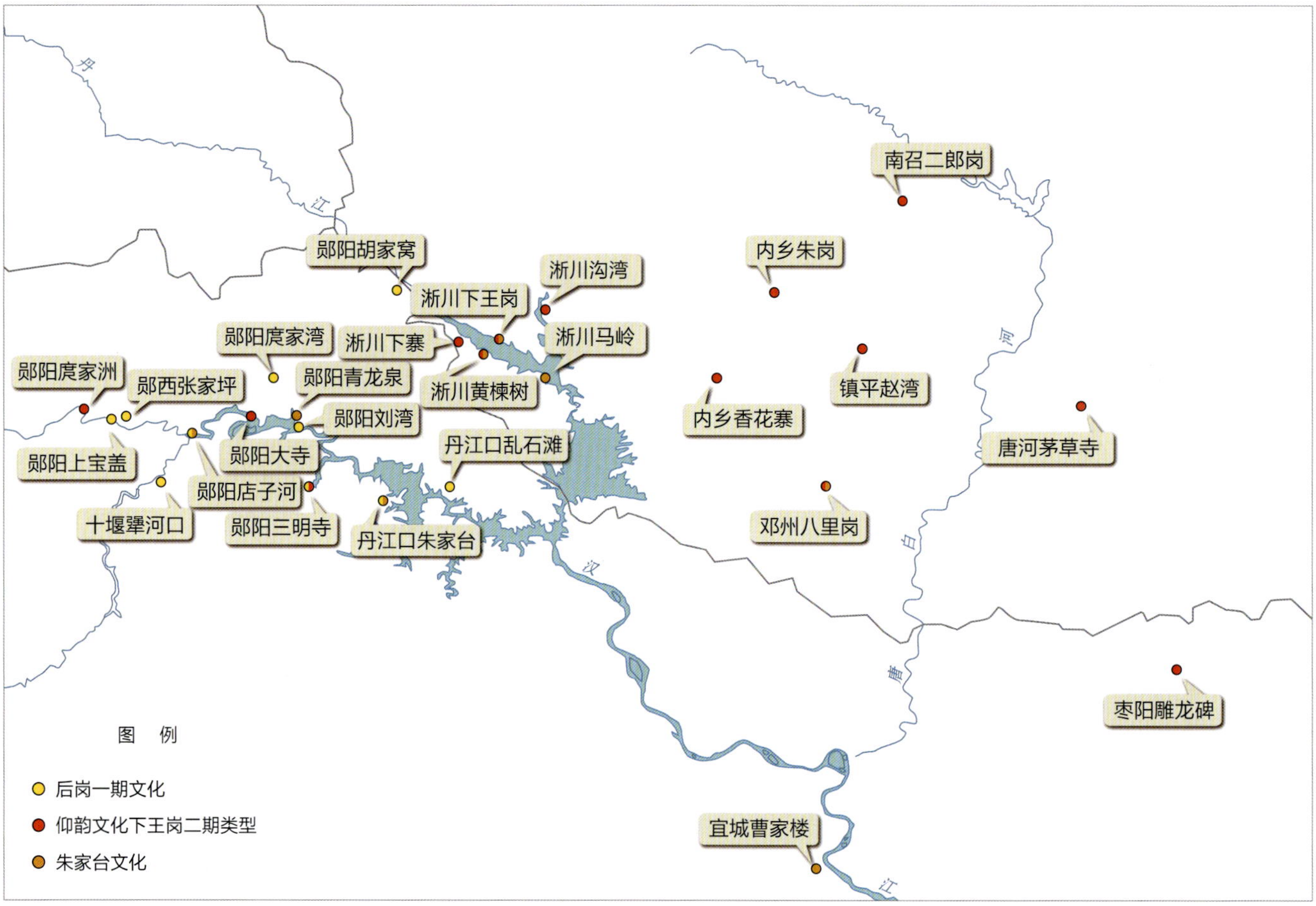

△ 后岗一期文化（湖北）、仰韶文化下王岗二期类型、朱家台文化遗址分布示意图

△ 后冈一期文化典型器物

△ 店子河遗址出土后冈一期文化陶器

仰韶文化下王岗二期类型

仰韶文化下王岗二期类型主要发现于随枣走廊、鄂西北及豫西南地区。距今6000～5500年左右，仰韶文化向长江流域扩散，在鄂西北形成了下王岗二期类型，它兼具后岗一期文化和仰韶文化半坡类型、庙底沟类型陶器风格。其陶器以夹砂陶为主，泥质陶稍少；纹饰以斜向绳纹最多，彩陶较常见；器形以小口尖底瓶、鼎、深腹罐、瓮、盆、钵、铚、器座、器盖等为主。

△ 仰韶文化下王岗二期类型典型陶器

△ 雕龙碑遗址出土仰韶文化下王岗二期类型陶器

△ 大寺遗址出土仰韶文化下王岗二期类型陶器

△ 大寺遗址 H85 出土仰韶文化下王岗二期类型陶器

朱家台文化

朱家台文化（距今约5500～5300年）主要分布于鄂西北、豫西南地区。陶器多夹砂陶，其次为泥质陶，以灰陶为主；器表多素面，纹饰多为弦纹，并有附加堆纹、乳突纹、按窝纹等，还有少量彩陶；器类有鼎、罐、钵、盆、瓮、器盖等。

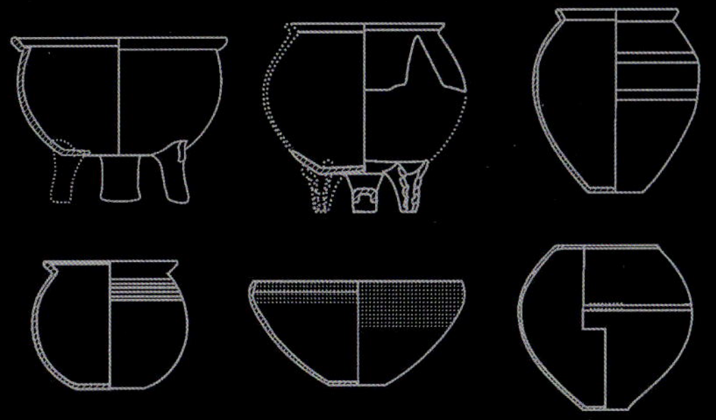

△ 朱家台文化典型陶器

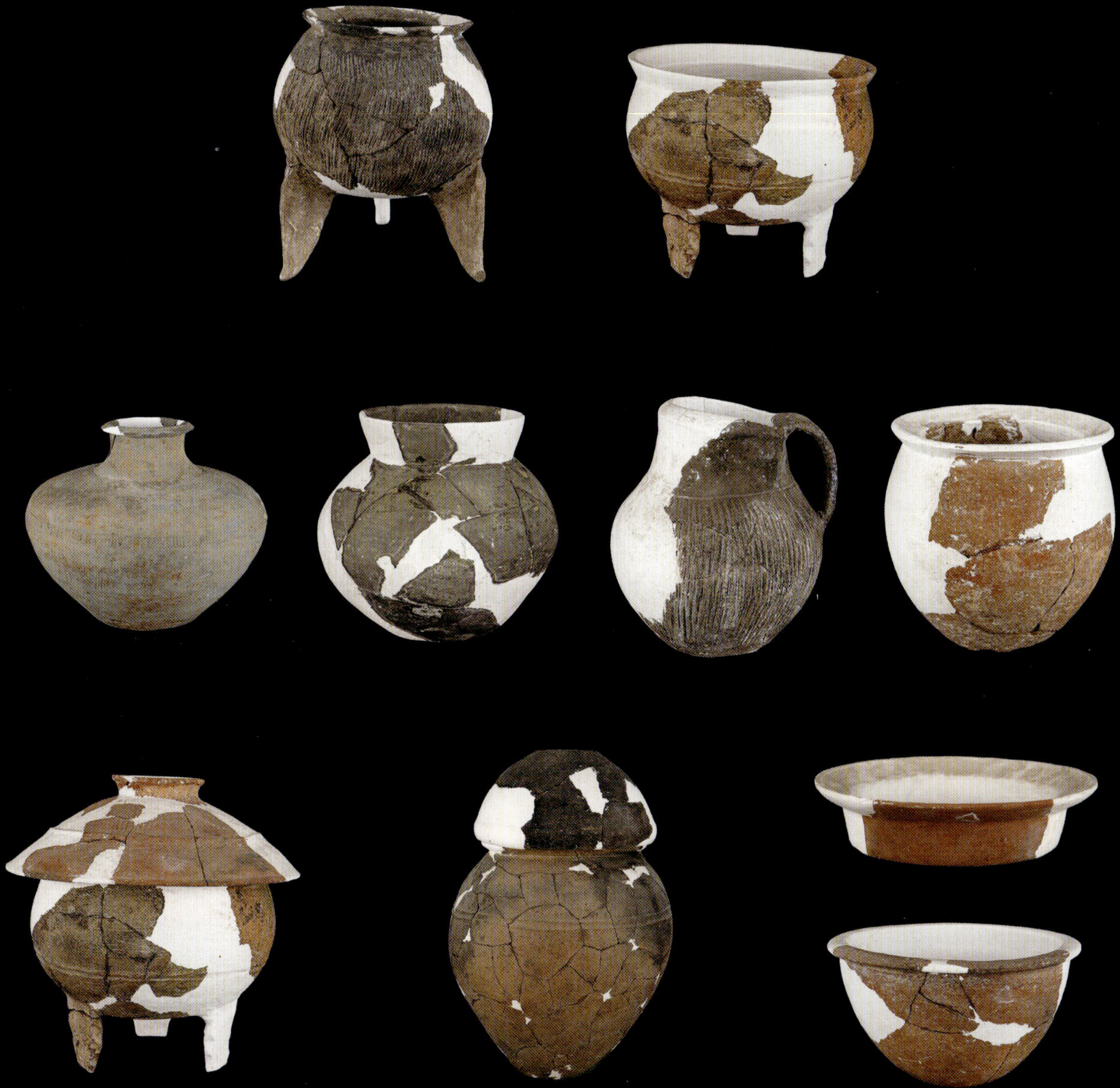

△ 青龙泉遗址出土朱家台文化陶器

〔第三组〕

鄂东南地区

鄂东南地区是长江中、下游文化交流的廊道。受长江下游文化影响，鄂东南地区先后形成了黄鳝嘴文化、薛家岗文化。到屈家岭文化时期，这一区域纳入长江中游文化圈。

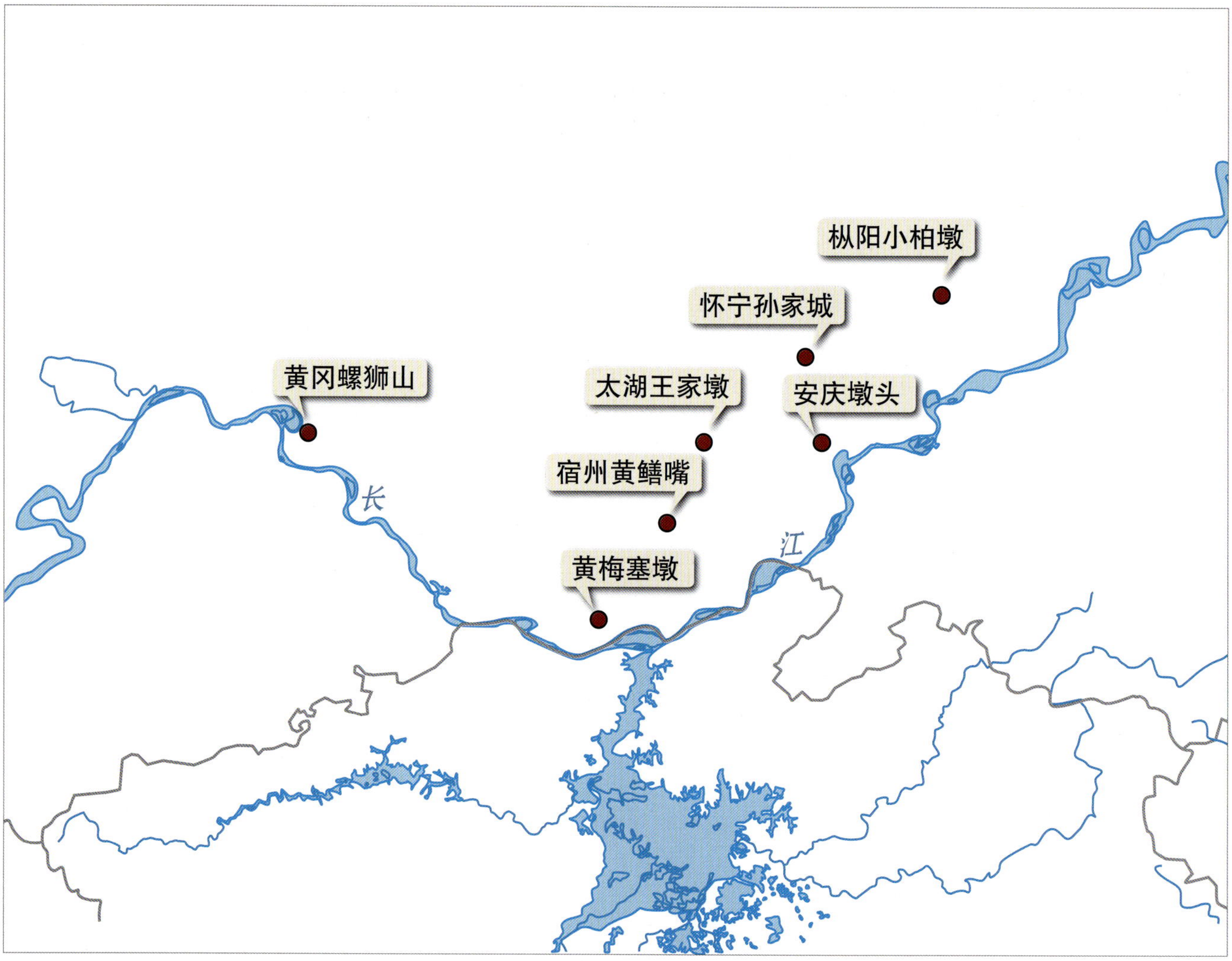

△ 黄鳝嘴文化遗址分布示意图

黄鳝嘴文化

黄鳝嘴文化（距今约6300～5500年）主要分布于皖西南与鄂东南地区。居址、墓葬出土陶器陶质陶色基本相同，但装饰方式存在一定差异。居址出土陶器以素面为主，墓葬出土陶器有纹饰者占大半。该文化发现了一定数量的玉器，其造型、制作工艺与长江下游的考古学文化有一定联系。

△ 黄鳝嘴文化典型陶器

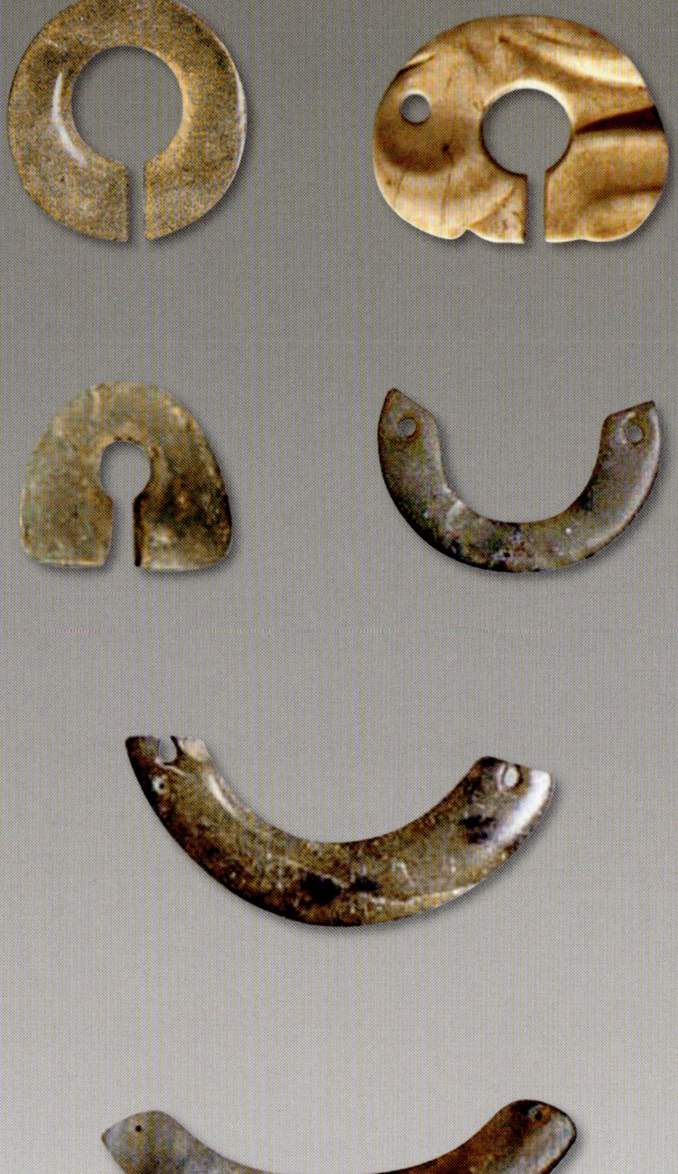

△ 黄鳝嘴文化典型玉器

薛家岗文化

薛家岗文化（距今约5500～5000年）主要分布于皖西南、鄂东南、赣北区域，分别形成了薛家岗文化的三种类型，即皖西南的薛家岗类型、鄂东南的鼓山类型、赣北的郑家坳类型。薛家岗文化的形成与黄鳝嘴文化、崧泽文化、北阴阳营文化都有一定关系，发展过程中受东方考古学文化影响更为明显；晚期则北方的影响相对增加，同时薛家岗文化的若干文化因素也开始向外传播。

△ 薛家岗文化典型陶器

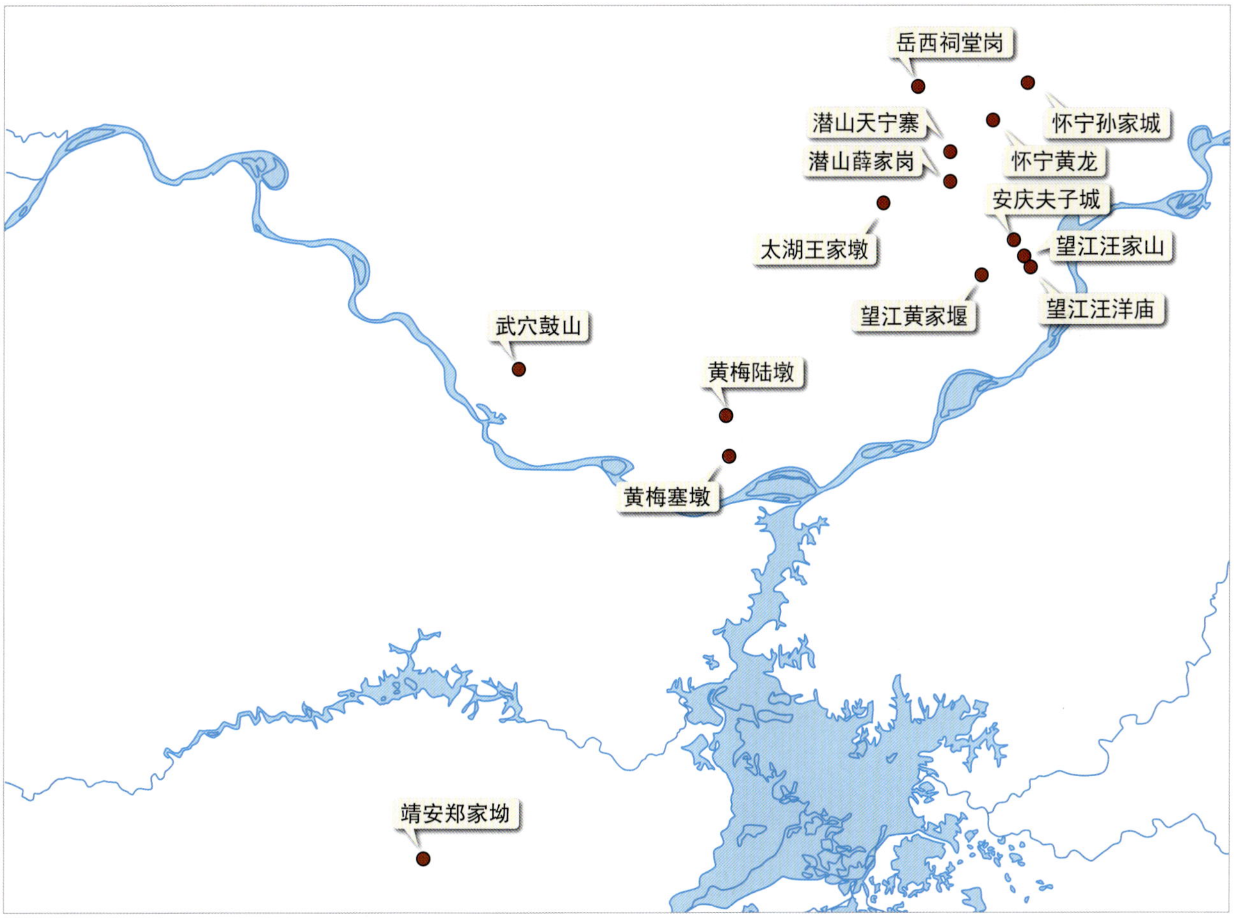

△ 薛家岗文化遗址分布示意图

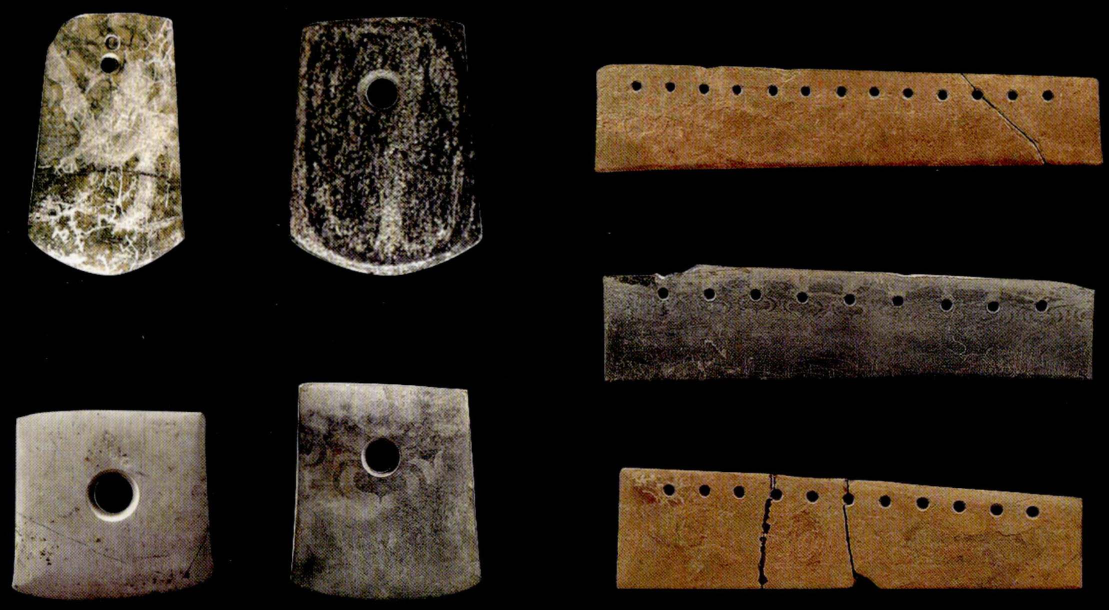

△ 薛家岗文化石钺、穿孔石刀

△ 薛家岗文化玉器

〔第四组〕

江汉平原地区

距今 6800 年前后，受黄河流域和洞庭湖平原考古学文化的影响，江汉平原地区形成了独特的文化体系。漫彩彩绘技术的发明，以扣碗为特征的祭祀仪式，以及长江中游第一座城址的出现等，显示其文化的创造性。日趋复杂的社会结构，为后续长江中游史前文化的勃兴和扩张奠定了基础。

边畈文化

边畈文化（距今约6800～6000年）仅见于钟祥边畈遗址。陶器以粗泥陶为主，陶色中红色占80％至90％，大部分涂红衣；主要器类有鼎、釜、钵、盆、罐、豆、碗、器座等。边畈文化的形成明显受到了洞庭湖、长江中游等地区文化的影响。

边畈遗址典型陶器与其他遗址出土同类器对比

分类	边畈遗址	其他遗址出土同类器
第一类	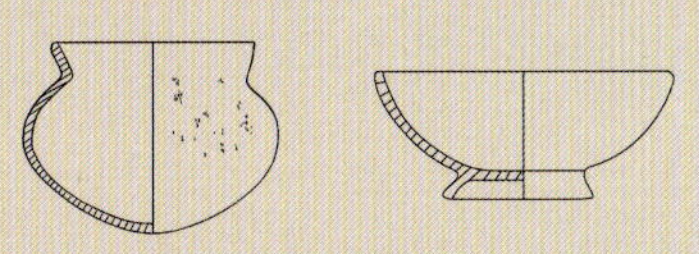	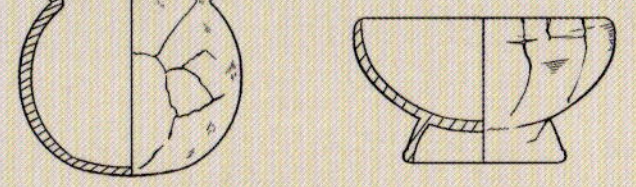 关庙山遗址
第二类	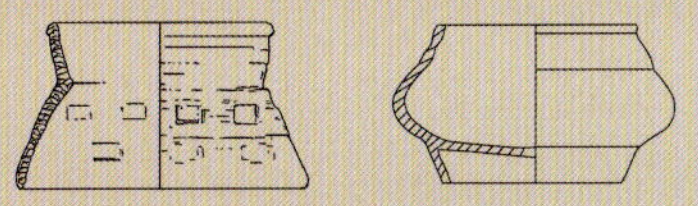	 汤家岗遗址 店子河遗址
第三类	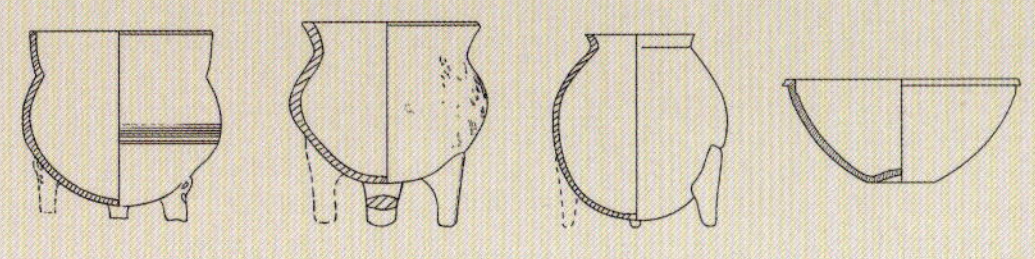	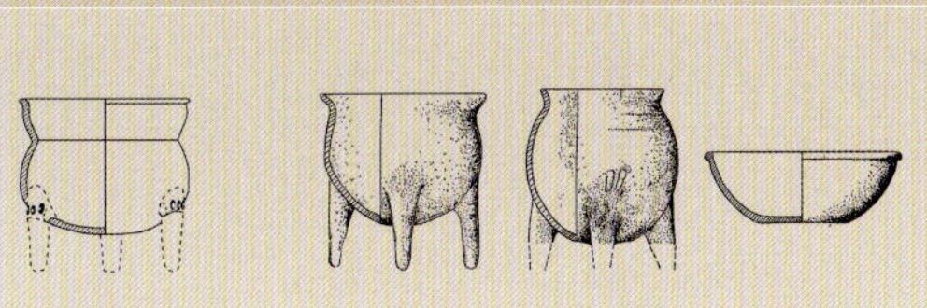 沟湾遗址 下王岗遗址

△ 边畈遗址边畈文化 M157 出土陶鼎

油子岭文化

油子岭文化（距今约6000～5500年）以京山油子岭遗址命名，形成于距今约6000年的汉东地区，它的兴起标志着长江中游新石器时代文化发展进入加速阶段。一方面，社会生产力明显提升，如制陶中慢轮修整技术出现，新出现了玉器加工制作技术；另一方面，社会复杂程度显著增加，遗址数量及人口大大增加，大型聚落出现。墓葬随葬品显示贫富差距明显。后段遗存集中于汉东地区京山、天门一带，天门龙嘴遗址是其中心。其影响东至黄冈一带；向西扩展至汉西，并进一步延伸至巫峡一带；向南越过长江到达洞庭湖北部及沅水中游；向西北渗透到汉水中上游，为之后屈家岭—石家河文化的鼎盛奠定了基础。

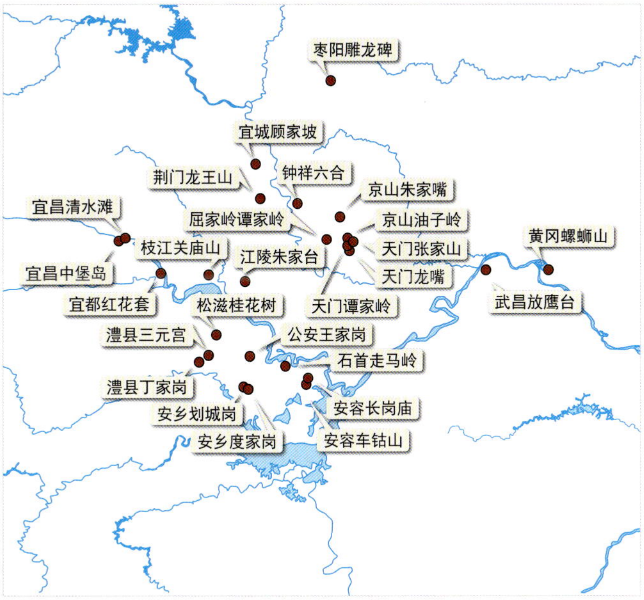

△ 油子岭文化主要遗址分布示意图

油子岭文化典型陶器

油子岭文化早期

油子岭文化晚期

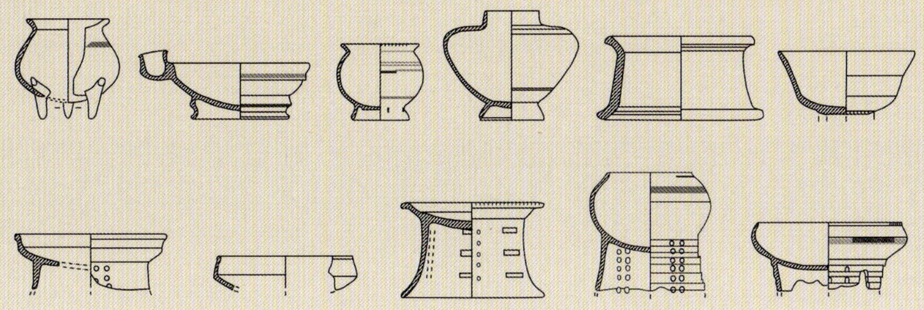

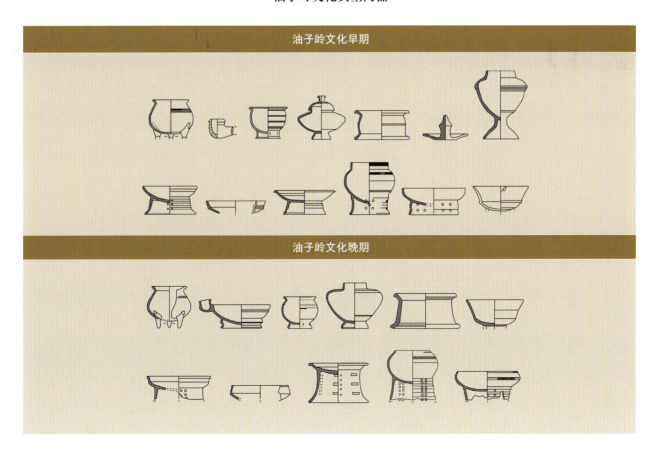

龙嘴遗址

龙嘴遗址位于天门市石家河镇龙嘴岗地南端，遗存以油子岭文化为主，发现城址1座。城垣依地势而建，平面近圆形，面积约8.2万平方米。三面环湖，一面为壕。城垣分两期筑成，早期可能与防水有关。城内清理出房址、灰坑、灰沟、土坑墓、瓮棺葬等遗迹。出土陶器以泥质红衣红陶为大宗，多为复合纹饰，彩陶所占比例不高，蛋壳彩陶是这一时期高超制陶工艺的体现。另发现了4件玉器。遗存中存在诸如雕龙碑二期文化、汤家岗文化、大溪文化等同时期其他考古学文化因素。

△ 龙嘴遗址出土油子岭文化早期陶器

△ 龙嘴遗址出土油子岭文化早期陶器

寨子山遗址

寨子山遗址位于钟祥市洋梓镇大桥村，面积约10万平方米。第一次发掘揭示新石器时代房址9座、墓葬49座（含瓮棺葬）、灰坑80个、灶址1座。遗址涵盖油子岭文化早、晚期，屈家岭文化早、晚期和石家河文化早期五个时段。其中油子岭文化晚期墓葬揭示出的分器合葬、一次和二次混合葬、随葬陶器明器化、随葬大量猪下颌等现象，对于探究当时的人群关系、丧葬制度、经济水平和文化交流，以及早期社会的复杂化，提供了新的材料。

△ 寨子山遗址地形

△ 寨子山遗址第四发掘区 M19

△ 寨子山遗址油子岭文化晚期 M27 出土陶器组合

△ 寨子山遗址油子岭文化晚期 M32 出土陶器组合

第二单元

文明演进

距今5500年左右，湖北地区的四个文化系统开始整合。脱胎于油子岭文化的屈家岭文化及继之而起的石家河文化代表了长江中游史前文化的巅峰，分布范围与影响力空前扩大。

距今4200～4000年前后进入国家文明形成的关键期，长江下游的良渚文明衰落，而中原以石峁、陶寺城址及长江中游以石家河城址为代表的大型中心聚落的出现，将文明推升到了一个新高度。

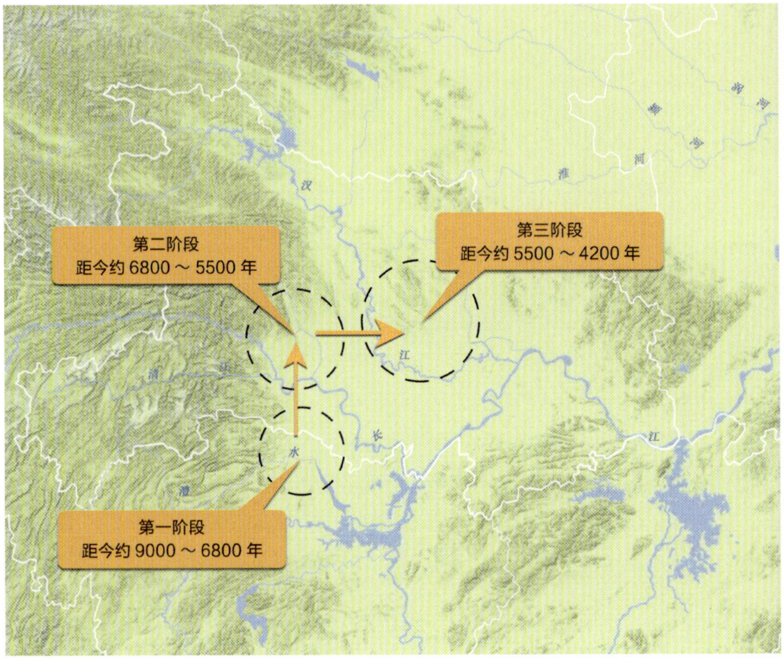

△ 长江中游文化重心转移示意图

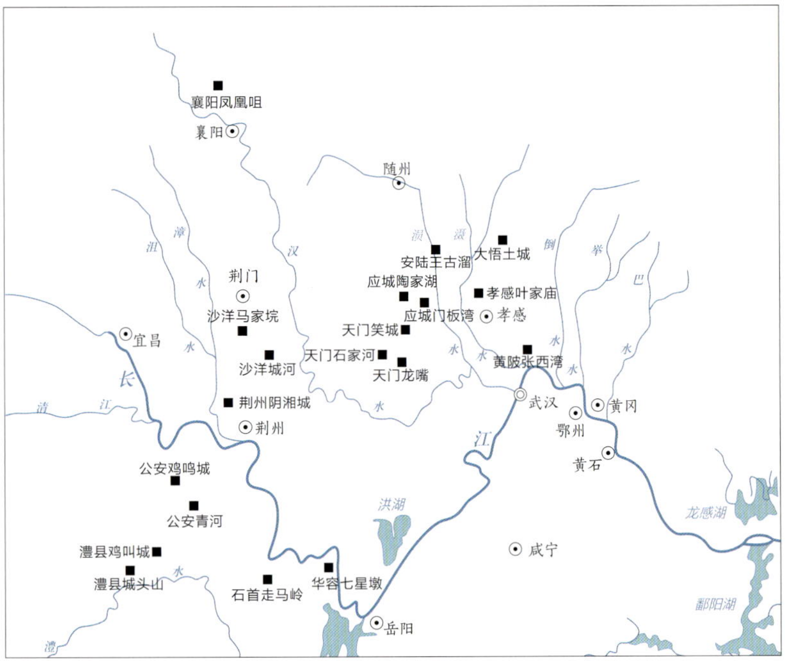

△ 长江中游史前城址分布示意图

〔第一组〕

屈家岭文化

屈家岭文化是距今 5300 年前后在油子岭文化基础上兴起，并广泛分布于长江中游的考古学文化。其形成后迅速扩张，向北深入中原腹地，在豫南留下了大量遗址；向南沿沅水等河流直达湘西南的怀化一带；向西北不仅占据了此前一直是中原文化分布区的鄂西北丹江库区，也进入陕南、豫西南等地；向西则一举瓦解了分布在江汉平原西部和三峡地区的大溪文化。屈家岭文化首次统一了长江中游及周边地区，将鄂西南的大溪文化系统、鄂西北的仰韶文化系统整合起来。

典型遗址见于京山屈家岭、天门石家河、宜昌杨家湾、宜昌中堡岛、巴东李家湾、郧阳青龙泉、武昌放鹰台、孝感叶家庙、澧县城头山、怀化高坎等。陶器以双腹鼎、双腹豆、双腹碗、敞口杯、壶、高领罐、高圈足杯、缸、盆等为基本组合，红陶杯、彩陶壶、双腹器为特色器物。

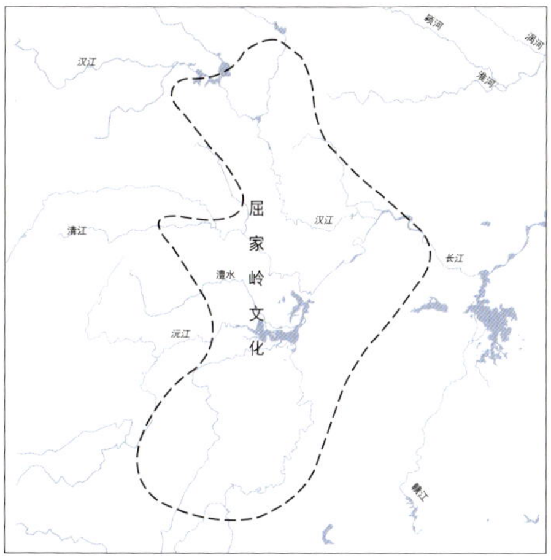

△ 屈家岭文化分布范围示意图
（资料来源：孟原召《屈家岭文化的北渐》）

▷屈家岭文化北扩遗址分布示意图

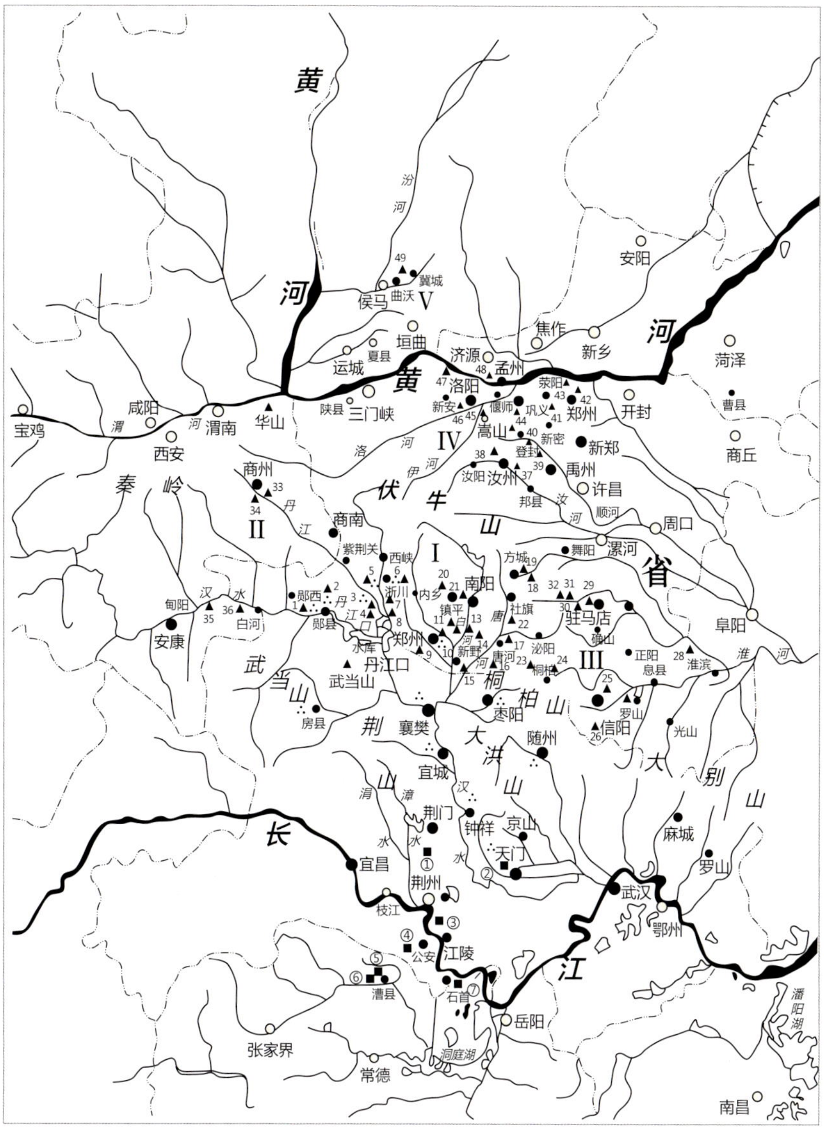

Ⅰ鄂北豫西南地区	1. 大寺	2. 青龙泉	3. 黄楝树
Ⅱ陕西东南部	4. 雷嘴	5. 下王岗	6. 下集
Ⅲ豫南地区	7. 双河镇	8. 埠口	9. 黑龙庙
Ⅳ豫中地区	10. 八里岗	11. 凤凰山	12. 邓禹台
Ⅴ晋南地区	13. 光武台	14. 翟官坟	15. 西高营
	16. 影坑	17. 寨茨岗	18. 金汤寨
	19. 大张庄	20. 赵湾	21. 黄山
① 沙洋马家垸	22. 茅草寺	23. 陡坡嘴	24. 闵岗
② 天门石家河	25. 阳山	26. 三里店	27. 李上湾
③ 江陵阴湘城	28. 沙冢	29. 党楼	30. 杨庄
④ 公安鸡鸣城	31. 荆树坟	32. 三所楼	33. 庾原
⑤ 澧县城头山	34. 紫荆	35. 红号	36. 张家庄
⑥ 澧县鸡叫城	37. 中山寨	38. 煤山	39. 谷水河
⑦ 石首走马岭	40. 杨村	41. 楚湾	42. 大河村
	43. 西山	44. 里沟	45. 南砦
	46. 王湾	47. 西沃	48. 许村
	49. 天马 - 曲村		

●● 受屈家岭文化影响的地区　■ 古代遗址

∴ 屈家岭文化早期遗址　▲ 屈家岭文化晚期遗址

屈家岭遗址

该遗址为屈家岭文化的命名地，也是湖北考古肇始之地，位于荆门市屈家岭管理区和京山市雁门口镇高墩村。总面积2.84平方公里，是以屈家岭遗址点为核心的大型环壕聚落。1955至1957年进行了两次发掘，发现并命名了“屈家岭文化”。之后的发掘揭露了一批油子岭文化、屈家岭文化、石家河文化遗存。从油子岭文化早期至石家河文化晚期，屈家岭遗址始终是以稻为主、粟为辅的农业经济结构；遗址内发现了天然铜矿石，部分矿石表面和内部发现黑色氧化铜。

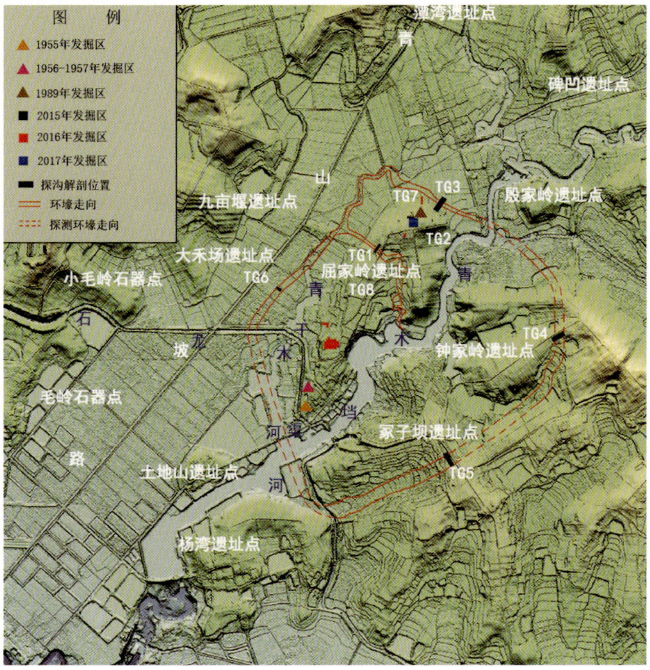

△ 屈家岭遗址地形及遗址点分布图

△ 屈家岭遗址 2016 年出土的天然铜矿石

△ 屈家岭遗址 2017 年发掘 H36 出土屈家岭文化陶器组合

△ 屈家岭遗址出土屈家岭文化早期陶器

城河遗址

城河遗址位于荆门市沙洋县后港镇双村、龙垱村，遗址总面积约70万平方米。经过2012至2019年多次发掘和重点勘探，明确该遗址为屈家岭—石家河文化的重要城址，发现了城址内外的人工水系结构，以及城内一般性居址、陶器生产区、中心“广场”设施、大型院落式建筑及其附属设施，此外还有与仪式性活动相关的特殊遗存等。北城垣外王家塝地点发掘屈家岭文化墓葬235座、陶器坑3个，取得了重要收获。

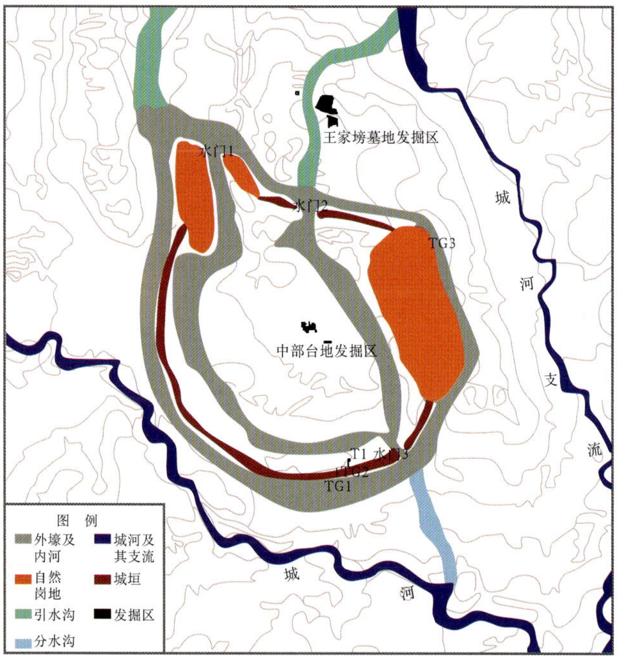

△ 城河遗址地形、城垣布局及王家塝墓地位置示意图

△ 王家塝墓地 M237 墓圹

△ 王家坝墓地 M237 出土屈家岭文化早期陶器

穆林头遗址

穆林头遗址位于襄阳市保康县马良镇紫阳村沮水北岸的小盆地内，面积约8万平方米。2017至2018年发掘清理屈家岭文化房址3座、墓葬22座等。墓葬中出土了一批精美的玉器和骨器。玉器有钺、璇玑、斧、管等，骨器有象牙管、骨锥等，其中玉钺、璇玑、象牙管属屈家岭文化的首次发现。

△ 穆林头遗址屈家岭文化晚期 M21 出土陶器

△ 穆林头遗址出土典型陶器

△ 穆林头遗址出土屈家岭文化玉石器

凤凰咀遗址

凤凰咀遗址地处汉水中游、南阳盆地南缘，行政区划上属于襄阳市襄州区龙王镇前王、闫营两村。遗址位于不规则形台地上，是一处平面近方形的城址，四周有城垣，外有护城河环绕，城址面积约14万平方米。发掘清理出房址、灰坑、红烧土堆积、瓮棺、陶窑等遗迹和陶、石、玉、骨器等遗物。年代涉及屈家岭文化、石家河文化和肖家屋脊文化三个时期。

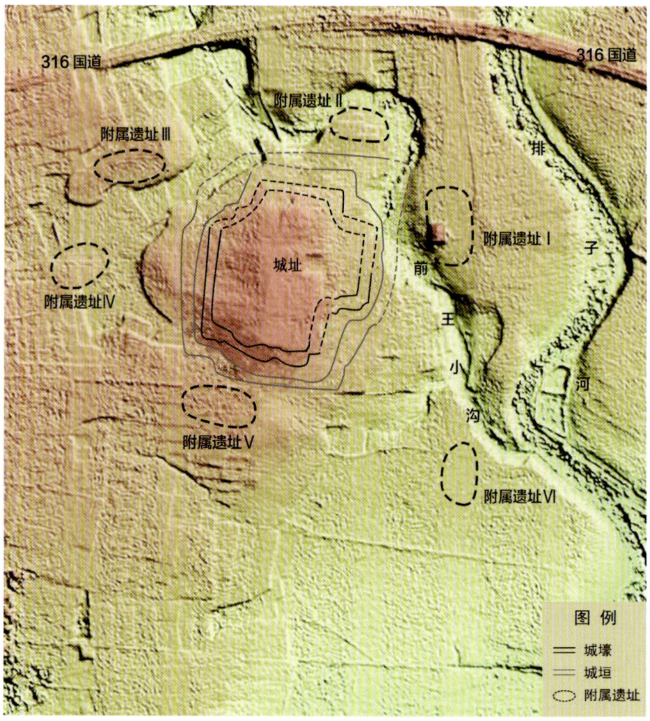

△ 凤凰咀遗址城址与附属遗址布局

凤凰咀遗址出土典型陶器

屈家岭文化典型陶器

石家河文化典型陶器

肖家屋脊文化典型陶器

△ 凤凰咀遗址出土屈家岭文化陶器

〔第二组〕

石家河文化

石家河文化以石家河遗址命名，距今约 4500 年时兴起于长江中游，在空间分布及文化内涵上，可视为对屈家岭文化的直接继承与延续。其形成还受到了长江下游、黄河流域同时期考古学文化的影响。新出现的盆形鼎、深腹缸、腰鼓罐、擂钵、鬶、盉等为其特色器物。

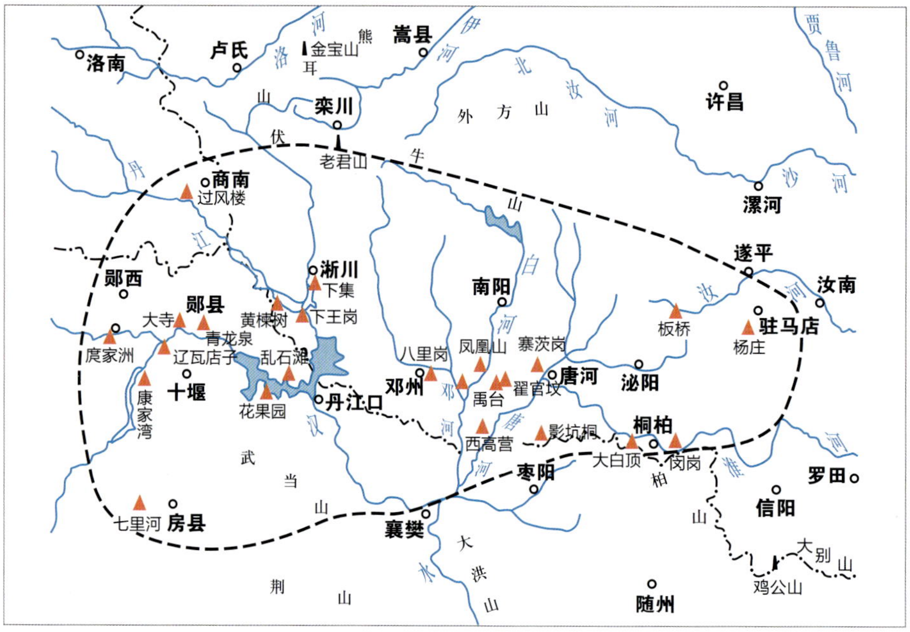

△ 石家河文化北扩范围及主要遗址分布图

（资料来源：樊力《论石家河文化青龙泉三期类型》）

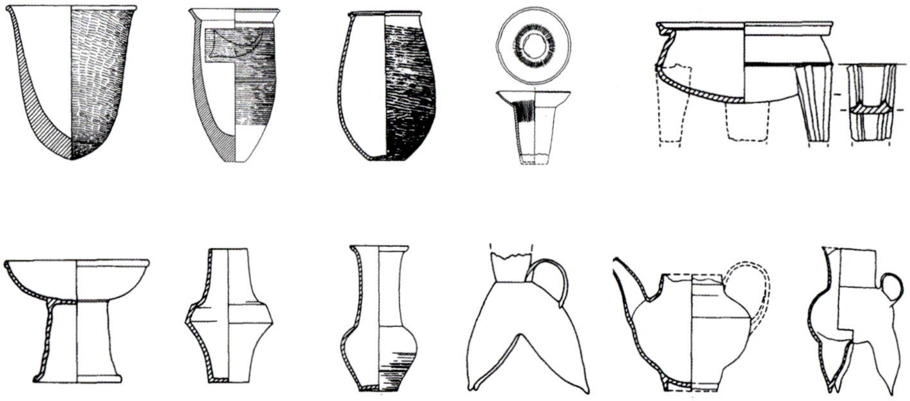

△ 石家河文化典型器物

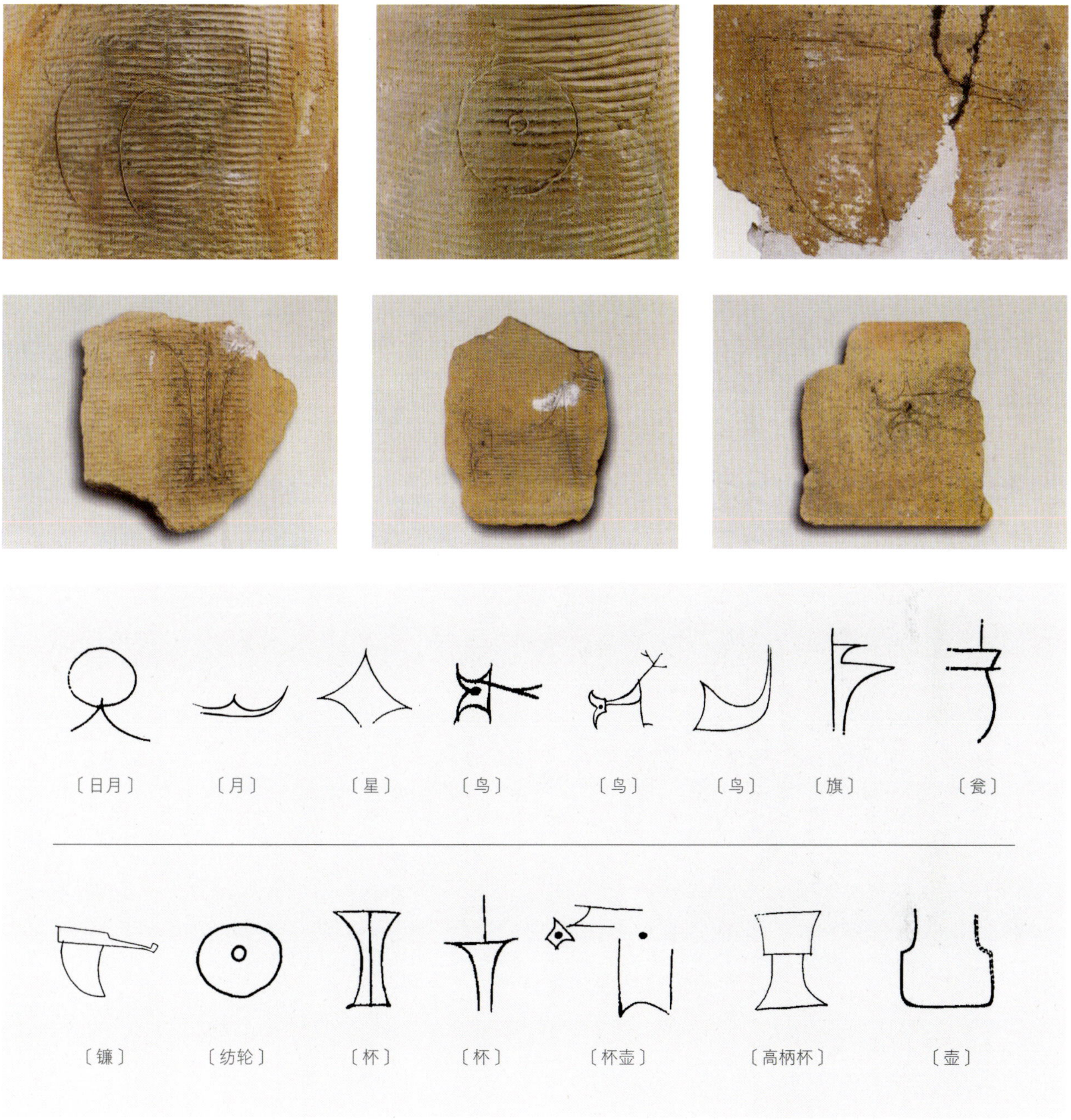

△ 石家河文化陶器上的刻划符号

石家河遗址

石家河遗址位于天门市石家河镇土城、芦岭、唐李、东桥村。主体总面积约8平方公里，核心区域分布40余处遗址点。先后发掘揭露出三房湾遗址点大型制陶专业作坊、印信台遗址点祭祀场所、蓄树岭遗址点居住区、朱家坟头遗址点屈家岭文化墓地、邓家湾遗址点冶炼遗迹等遗存，出土了大量遗物。遗址年代距今约5900～3800年，历油子岭、屈家岭、石家河、肖家屋脊文化四个阶段，是长江中游地区迄今发现的面积最大、延续时间最长、等级最高的新石器时代大型都邑性聚落群，为探讨早期中华文明起源与发展进程提供了重要材料。

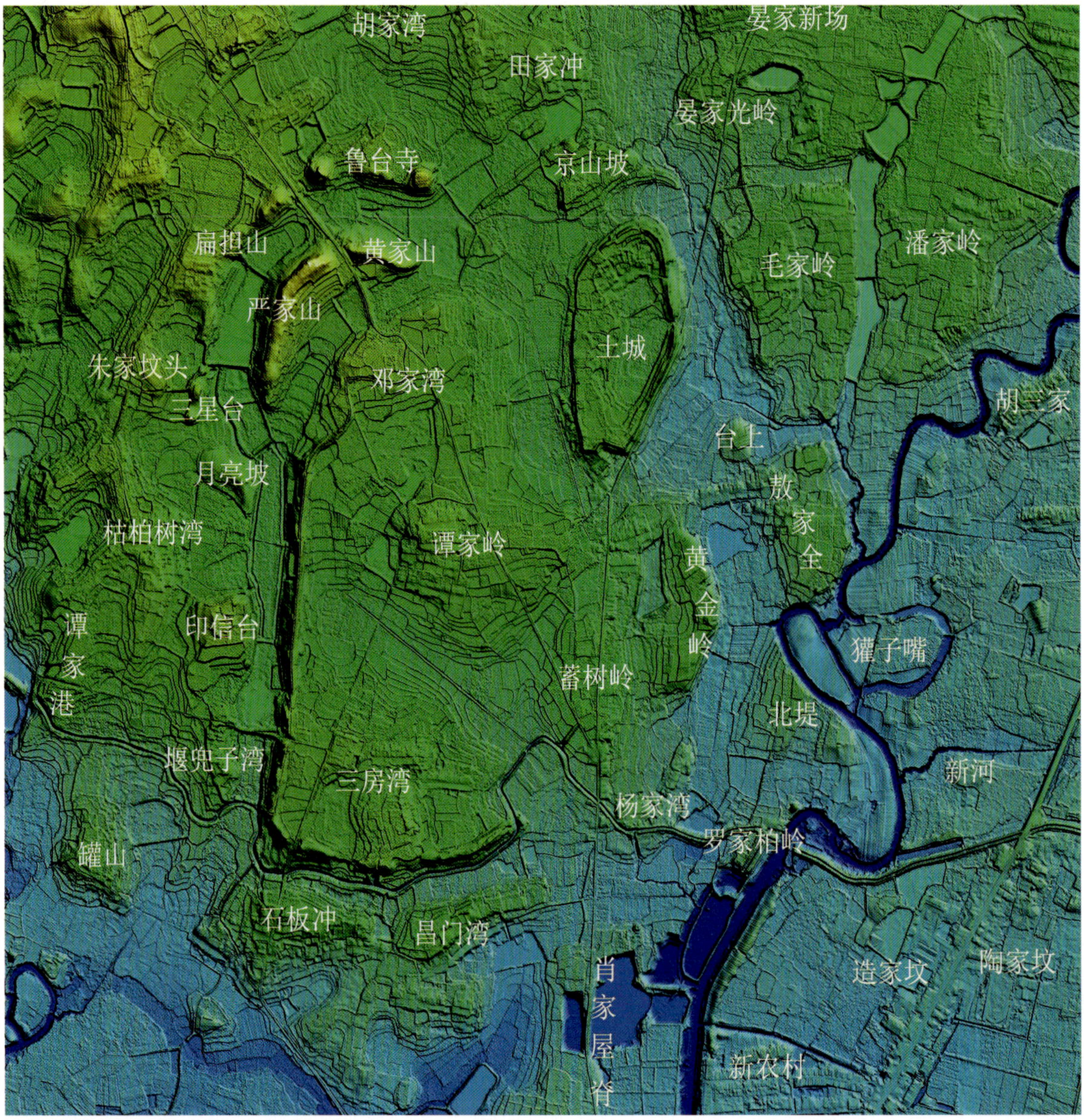

△ 石家河城址与聚落群分布图

△ 邓家湾遗址出土石家河文化陶器

△ 肖家屋脊遗址点出土石家河文化陶器

△ 蓄树岭遗址点石家河文化 H33 出土陶器

△ 肖家屋脊遗址点出土羽冠持钺人物像陶罐线图

△ 谭家岭遗址点出土石家河文化陶器与墙体残块

七里河遗址

七里河遗址位于房县七里河和马栏河交汇处，面积6万余平方米。1976～1978年发掘，清理遗迹有房址、墓葬、灰坑、灰沟和陶窑，其墓葬存在多人二次合葬习俗，并能看出殉猪、拔牙、猎头等现象。出土遗物以陶器和石器为主，遗存属石家河文化青龙泉类型。

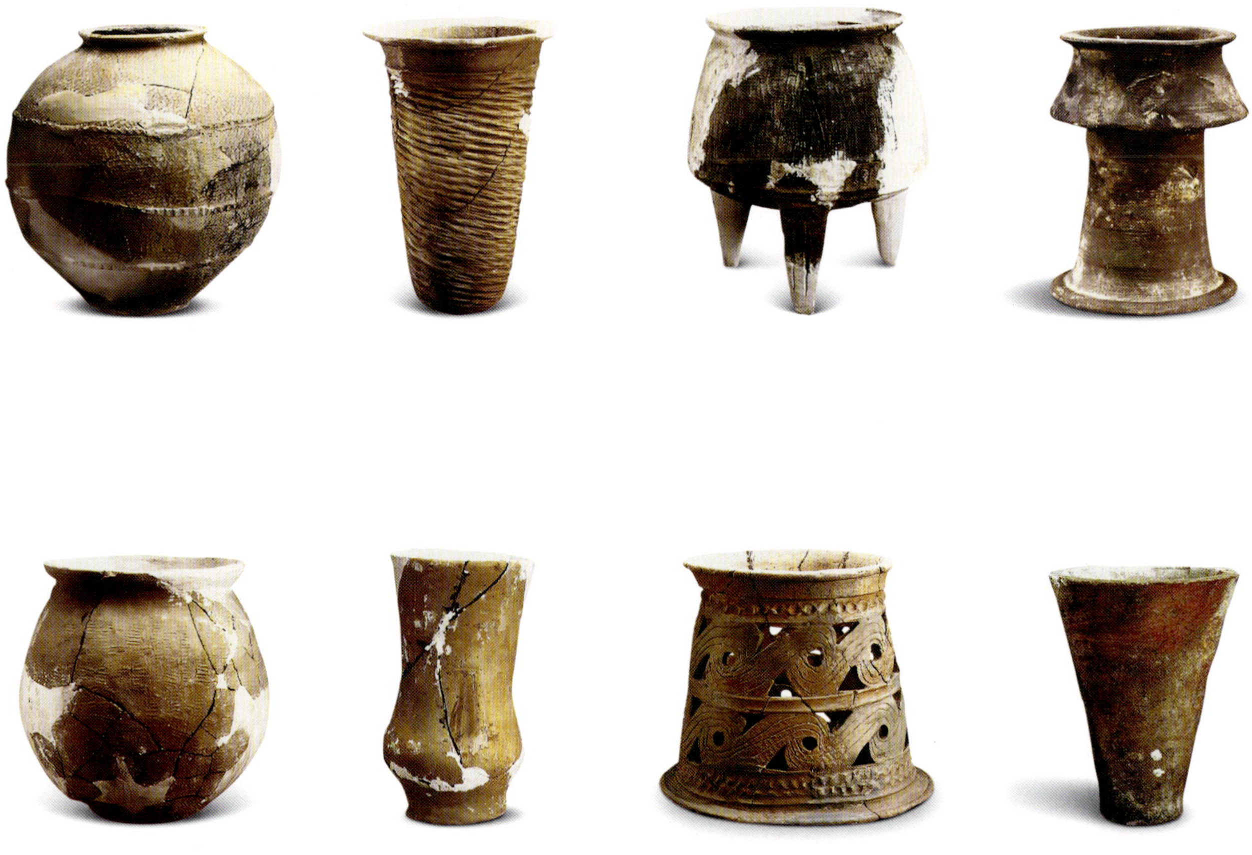

△ 七里河遗址出土石家河文化典型陶器

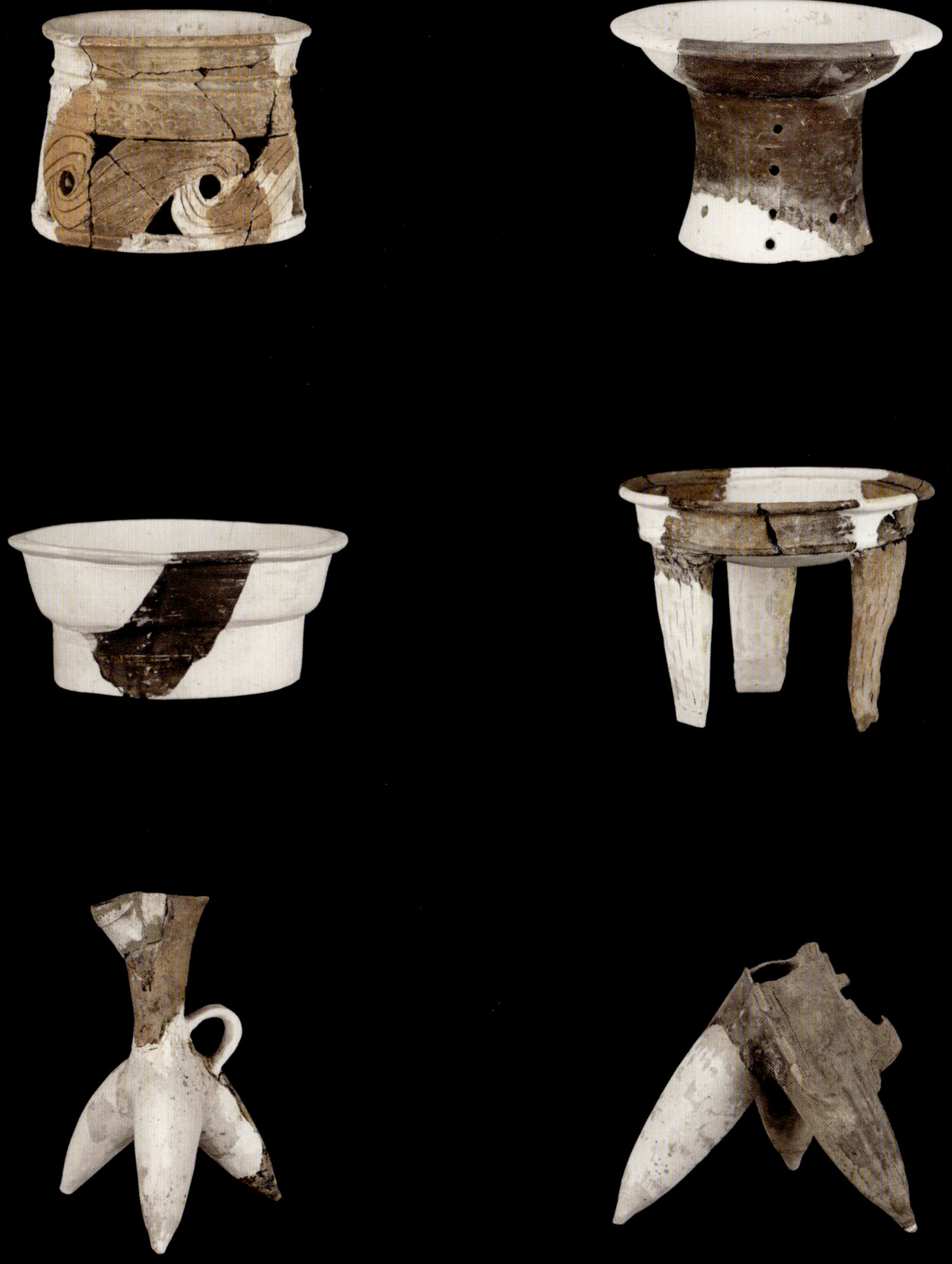

△ 七里河遗址出土石家河文化陶器

谭家岭遗址全景

叁·夏商南土

距今4000年前后，以肖家屋脊文化为代表的江汉地区开始融入中原文明。这一进程恰可与“禹征三苗”传说相印证。至二里头文化时期，夏文化在南方的影响力进一步扩大。代夏之后，商人以盘龙城等为据点，加强了对长江以南地区的控制。

第一单元

融入华夏

肖家屋脊文化时期，长江中游文明与中原联系日益密切，开始了“融入华夏”的进程。肖家屋脊文化分布范围与石家河文化基本相同，但遗存数量大大减少。三角形侧装足釜形鼎、广肩矮领瓮、细柄带箍豆、大圈足盘、深腹盆等代表性陶器直接受煤山文化影响，兴起于石家河文化晚期的陶塑品逐渐向四周扩散。同时，制玉手工业特别发达，在罗家柏岭、六合、肖家屋脊、孙家岗、谭家岭等遗址都有玉器发现。

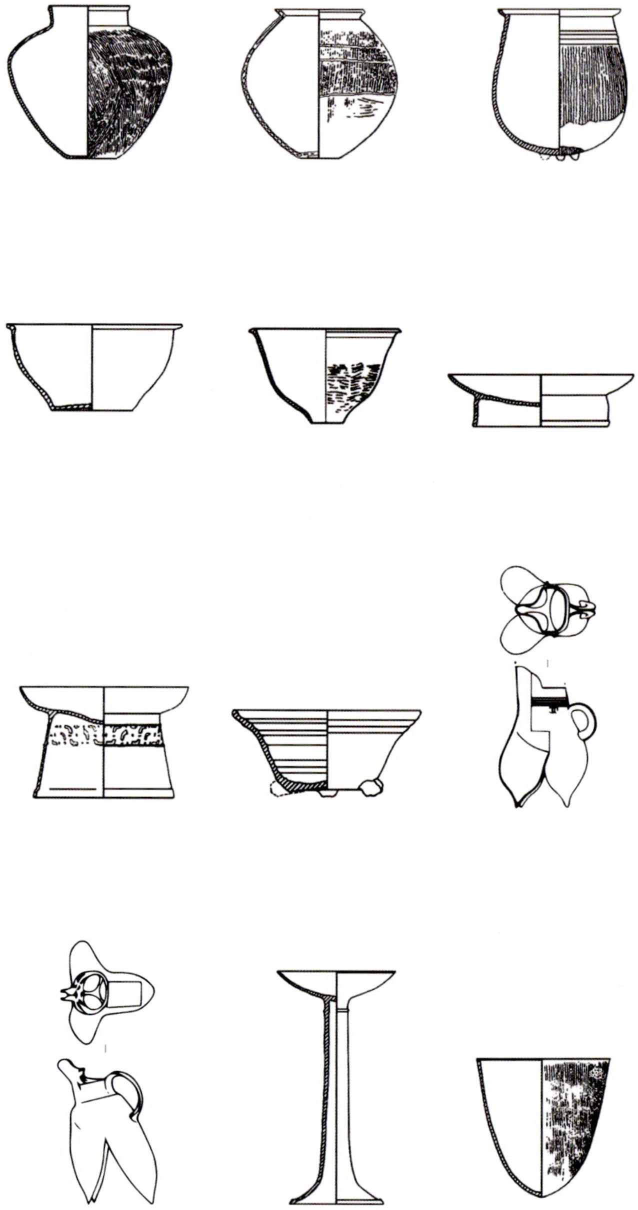

△ 肖家屋脊文化典型陶器

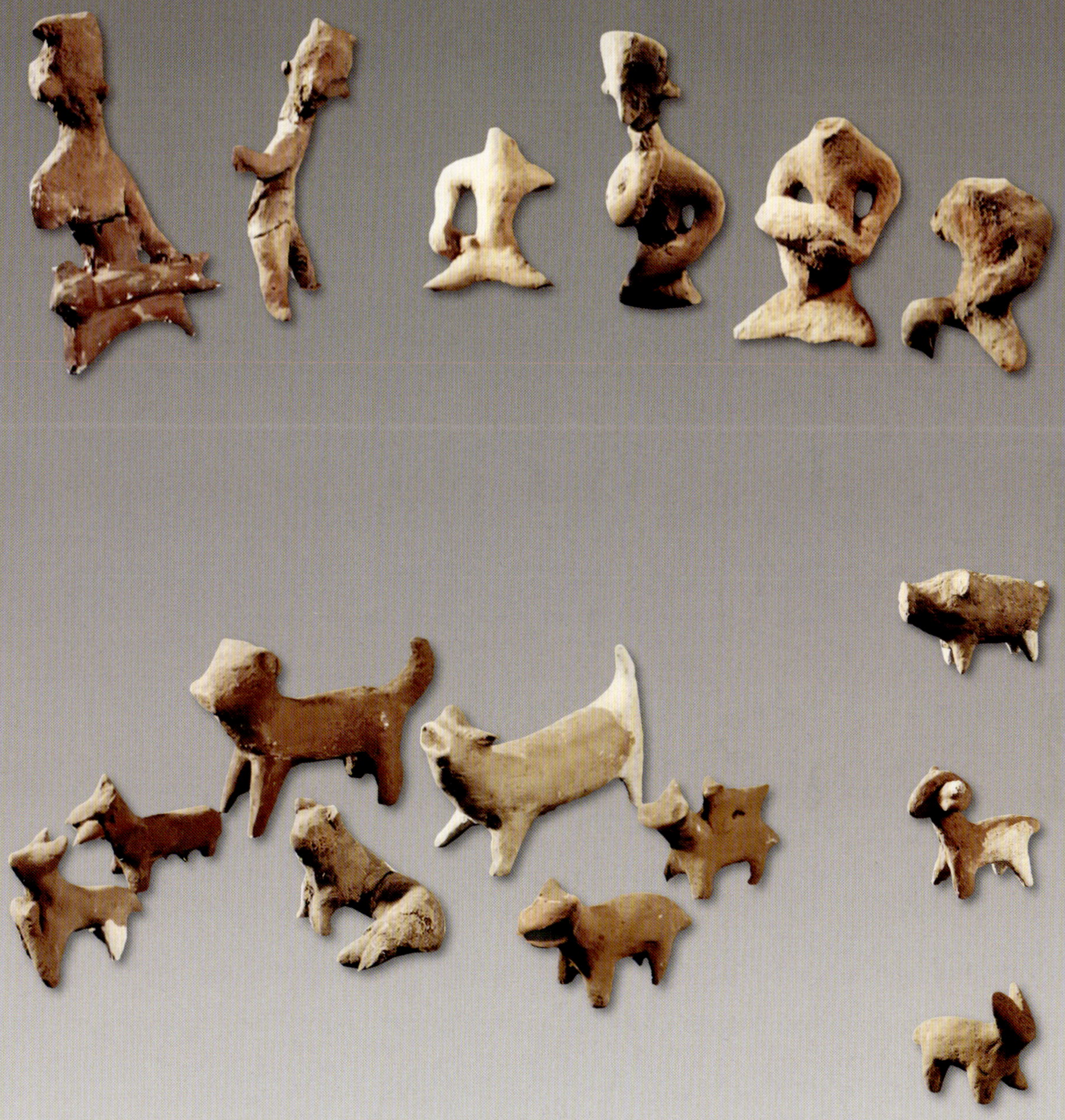

△ 肖家屋脊文化陶塑品

△ 罗家柏岭遗址点出土玉器

△ 汪家屋场遗址点出土玉牙璋

△ 肖家屋脊遗址点出土玉器

△ 谭家岭遗址点出土玉器

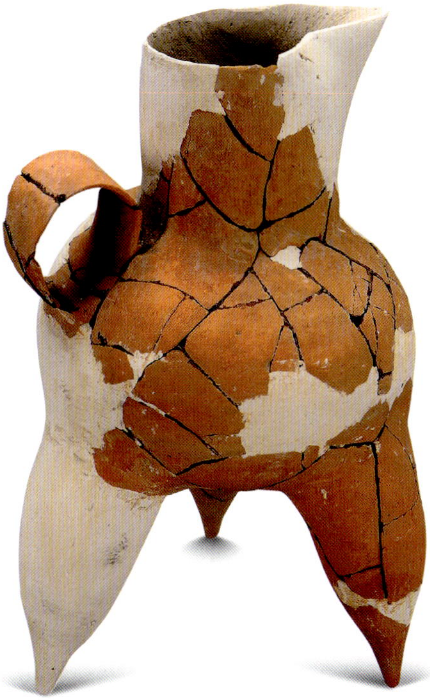

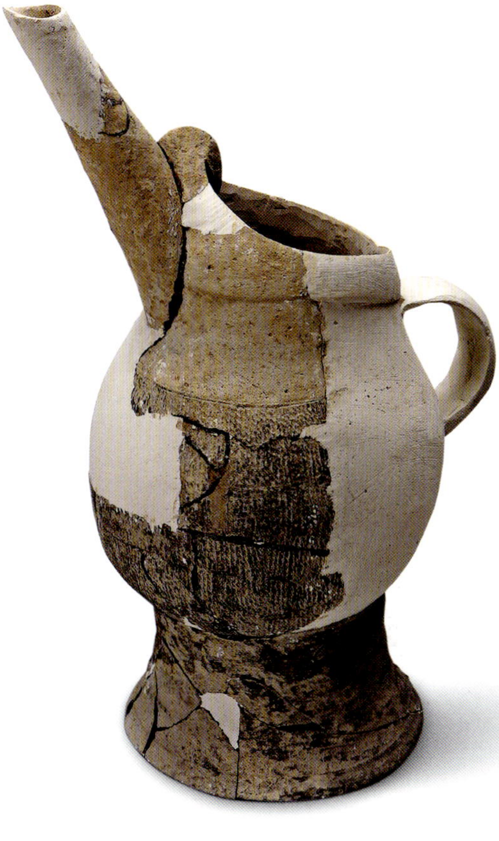

△ 肖家屋脊遗址点出土陶器

△ 蓄树岭遗址点出土陶器

△ 石首走马岭遗址 H42 出土陶鬶

△ 房县七里河遗址采集陶鬶

△ 宜昌白庙遗址出土肖家屋脊文化陶器

第二单元

二里头文化南进

二里头文化是指以河南偃师二里头遗址为代表的夏代考古学文化，其中心区位于河南中西部、山西南部。二里头文化形成后逐步向外扩张，二里头文化南进湖北路线一般经方城隘口入南阳盆地，此后或过汉江进入江汉平原腹地和鄂西地区，或经随枣走廊进入孝感、武汉周边。湖北地区发现的该类遗存呈零星分布，文化面貌以二里头文化为主，但因区位不同而各具特色，展示了主流文化控制下的多样文化特征。二里头文化的南进是湖北乃至整个南方地区纳入统一的中国历史文化体系的开始。

辽瓦店子遗址

辽瓦店子遗址位于十堰市郧阳区辽瓦乡辽瓦村东。总面积约12万平方米，文化层厚约4米，是一处自新石器时代至东周时期连续发展的遗址。其中二里头文化遗存最为丰富，清理出房址多座、灰坑268座、墓葬20余座，以及陶窑等；出土了大量石、陶器，其中陶器有鼎、釜、盆、单耳罐、双耳罐、高领罐、盉、豆等。文化因素兼具二里头文化和地方特色。

▷

辽瓦店子遗址出土二里头文化陶器

△ 郧阳李营遗址出土二里头文化陶器

王树岗遗址

王树岗遗址位于襄阳市襄城区欧庙镇王树岗村西。仅清理出2座二里头文化时期灰坑，出土鼎、大口尊、罐、杯、器盖等陶器，具有典型的二里头三、四期文化风格。

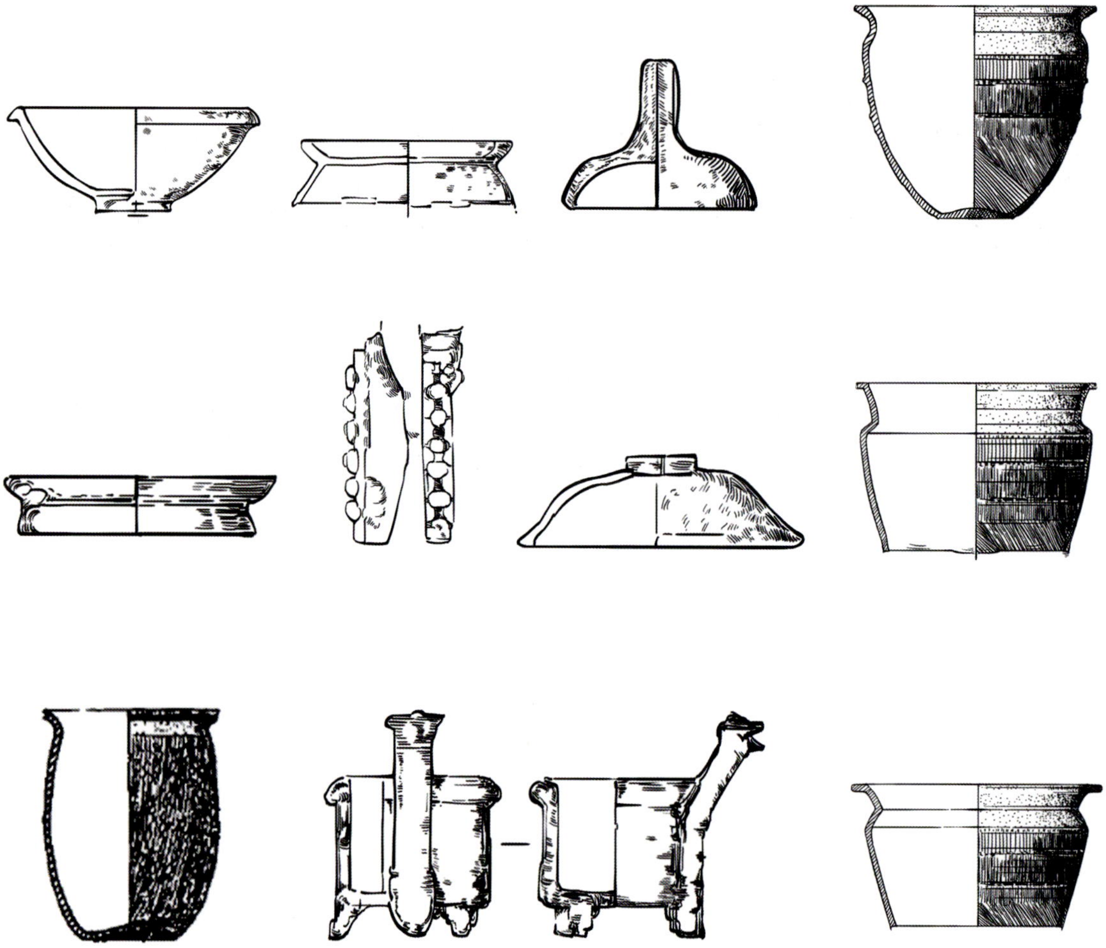

△ 王树岗遗址二里头文化典型陶器

△ 王树岗遗址出土二里头文化陶器标本

△ 枣阳顺城湾遗址二里头文化 H1 出土陶器

第三单元

商人之居

汤灭夏后，商人沿夏人南进路线，控制了湖北的广大地区，在湖北中、北部设立据点或建立方国，盘龙城遗址即为典型代表。商代晚期，其力量虽有所削弱，但方国尚存，周武王“牧誓八国”之庸、卢、彭、濮，可能就在湖北北部，鄂西南、鄂东南则是商代巴、越等族活动区域。

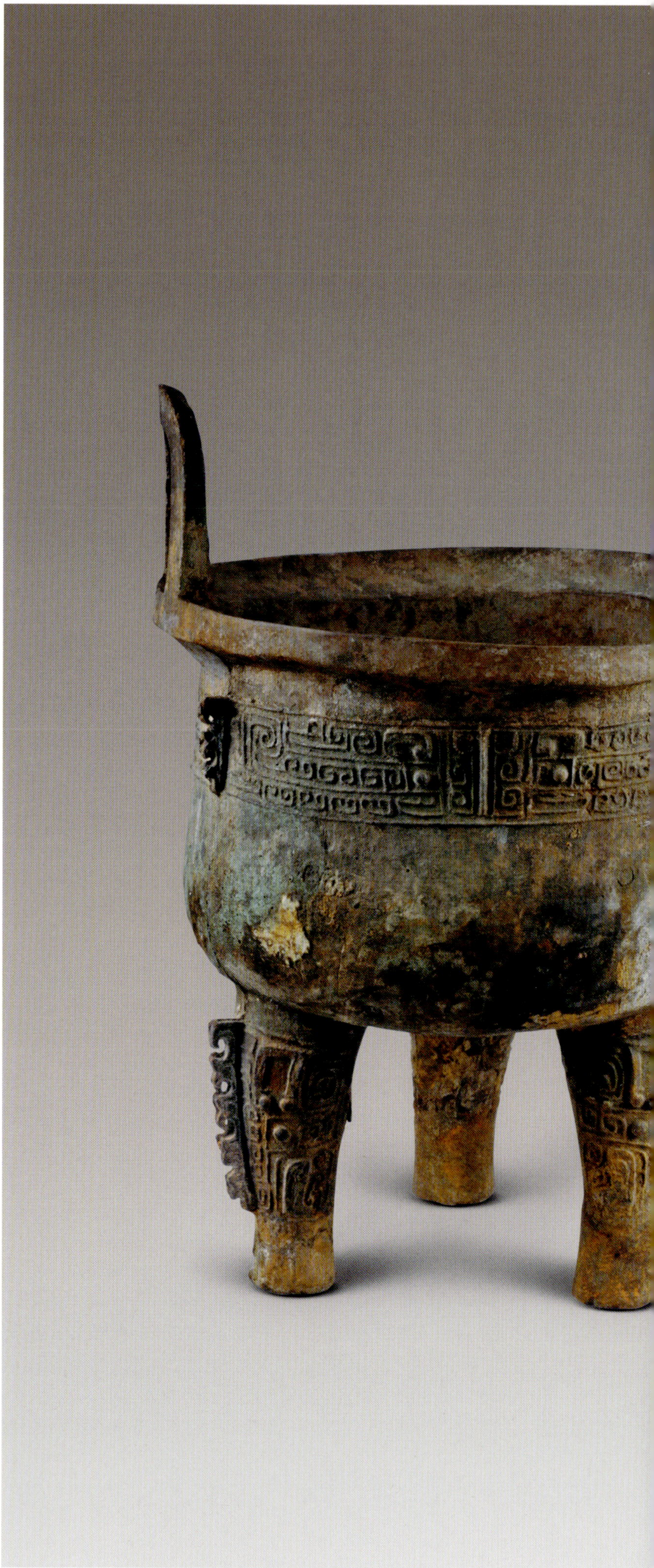

△ 枣阳王城征集的商代青铜重器

盘龙城遗址

盘龙城遗址位于武汉市黄陂区盘龙城开发区。本遗址发现了面积达2.5平方公里的城址，时代相当于中原商文化的二里岗时期，城内外有宫殿区、作坊区、居民区、墓葬区等，其中三座大型宫殿建筑采用我国古代通行的前朝后寝即前堂后室的宫殿格局。历次发掘出土了大量青铜器和玉器、陶器、骨器等。盘龙城遗址原为商王朝分封的方国，是商王朝的战略资源中转站，并逐渐成为商王朝在南方的统治中心。

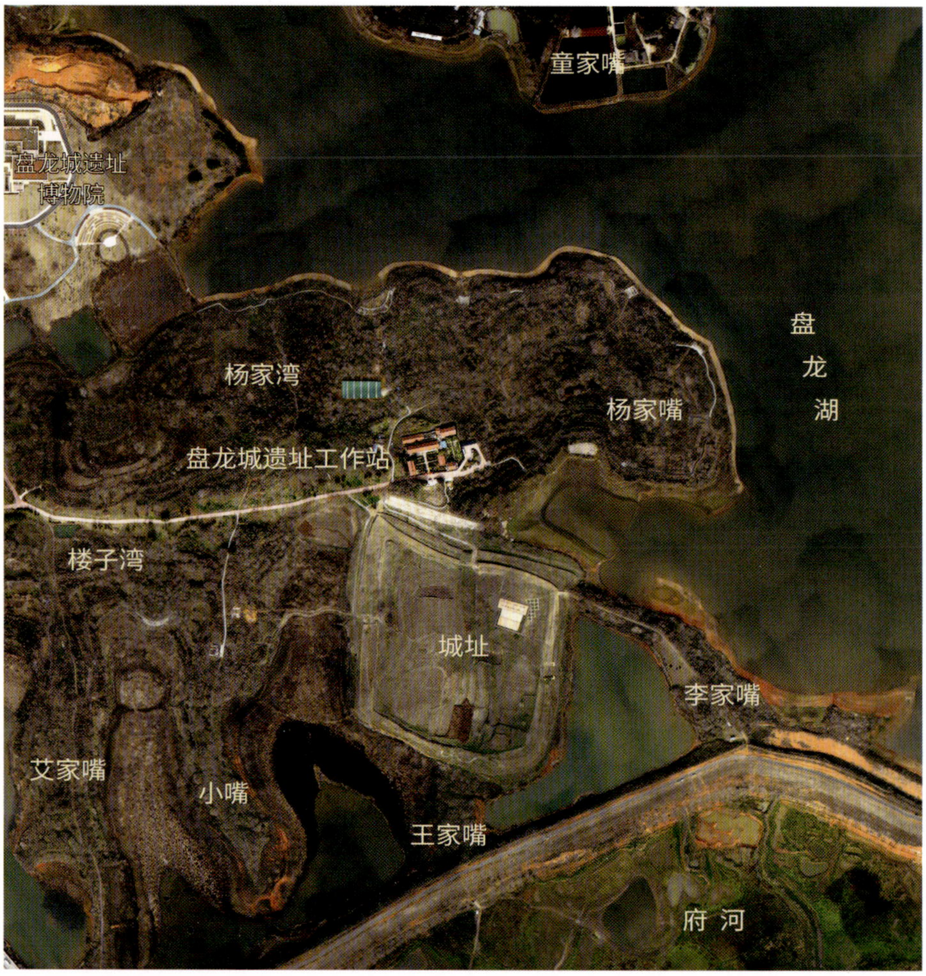

△ 盘龙城遗址全景

盘龙城遗址出土木炭样品AMS碳十四年代数据

出土位置	木炭样品编号	碳十四年代（BP）	树轮校正后年代	
			1σ（68.2%）	2σ（95.4%）
杨家湾南坡	2014HPQ1712T1015⑦：6	3070±25	1395BC（41.2%）1333BC 1326BC（27%）1287BC	1413BC（95.4%）1264BC
	2014HPQ1712T1015⑥：9	3180±30	1496BC（26.5%）1476BC 1458BC（41.8%）1426BC	1506BC（95.4%）1407BC
	2014HPQ1712T1015⑤：1	3100±25	1416BC（34%）1381BC 1343BC（34.3%）1308BC	1428BC（95.4%）1290BC
	2014HPQ1712T1015④：1	3075±30	1401BC（22.1%）1369BC 1357BC（46.2%）1294BC	1421BC（95.4%）1260BC
	2014HPQ1712T1015③：1	3025±25	1372BC（12%）1355BC 1298BC（56.3%）1225BC	1391BC（24.6%）1336BC 1322BC（70.8%）1200BC
杨家湾坡顶	2017HPQ1813T0213H35：5	3165±35	1496BC（19.4%）1475BC 1458BC（48.9%）1412BC	1506BC（91.3%）1386BC 1338BC（4.2%）1318BC
	2017HPQ1813T0213H36：2	3320±35	1620BC（68.3%）1536BC	1687BC（95.4%）1506BC
	2017HPQ1813T0213H42：2	3125±35	1440BC（47.8%）1382BC 1341BC（20.5%）1311BC	1496BC（4.3%）1476BC 1458BC（91.1%）1288BC
小嘴	2016HPQ1710G1：1	3110±25	1422BC（41%）1384BC 1341BC（27.3%）1313BC	1439BC（53.8%）1366BC 1360BC（41.6%）1293BC
	2016HPQ1710T0314H9	3170±25	1494BC（19.2%）1478BC 1455BC（49.1%）1419BC	1501BC（95.4%）1406BC
	2016HPQ1710T0413H13：4	3165±25	1493BC（15.4%）1480BC 1453BC（52.9%）1417BC	1501BC（95.4%）1400BC
	2017HPQ1610T1816④：1	3160±30	1494BC（15.5%）1478BC 1456BC（52.8%）1410BC	1502BC（92.3%）1390BC 1336BC（3.1%）1322BC

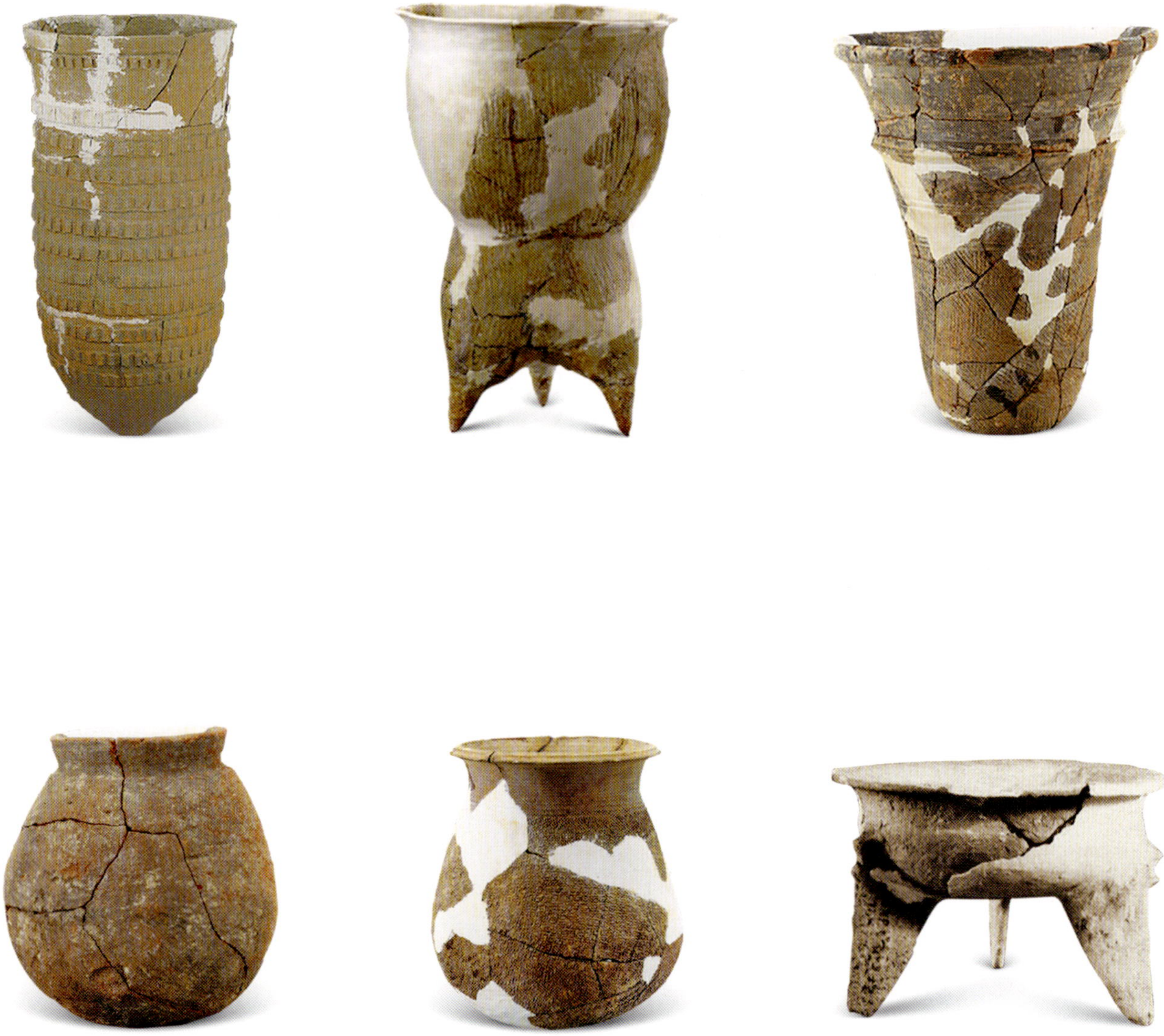

△ 盘龙城遗址商代遗存典型陶器

△ 盘龙城遗址李家嘴墓地 M2 出土铜器

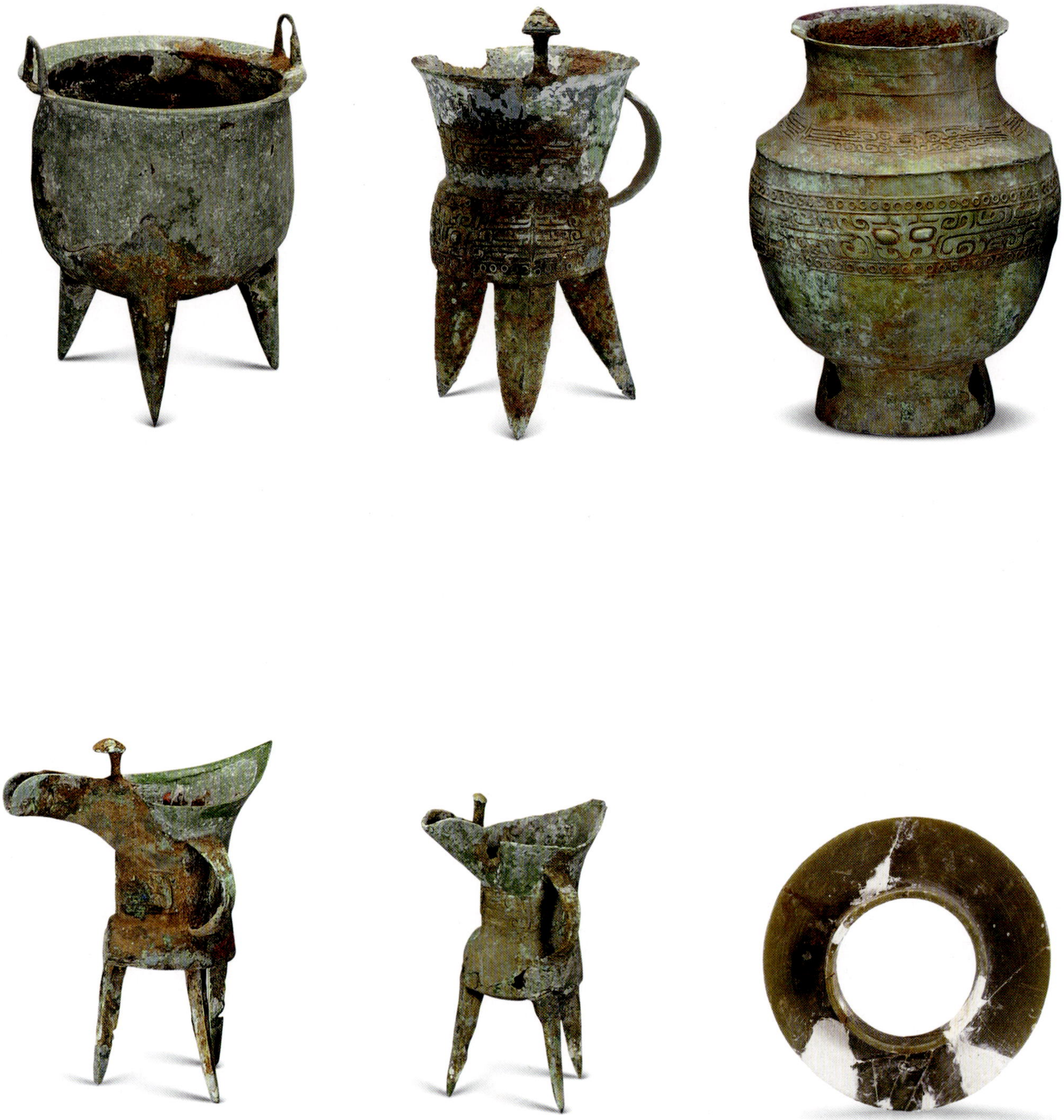

△ 盘龙城遗址江家湾墓地 M1 出土器物

△ 盘龙城遗址出土铜勾刀和玉柄形器

郭元咀遗址

郭元咀遗址位于武汉市黄陂区前川大街鲁台山北麓。面积12万余平方米，现仅存约3000平方米。2019～2021年揭露出商代晚期用于铸铜的大型台基及各类遗迹。出土商代遗物十分丰富，包括青铜器、冶铸遗物、陶瓷器、石器等，其中冶铸遗物有铜块、铜渣、坩埚残块、陶范等。商代遗存主体年代相当于洹北花园庄期至殷墟期，出土的大量与铸铜有关的遗迹和遗物是长江中游地区近年来保存最完好、内涵最丰富的商代铸铜遗址。其铸铜原料或来源于鄂东、赣北等地的长江铜矿带，对揭示殷墟一期之后青铜铸造的组织、原料的运输等青铜时代重大学术问题具有重要价值。

△ 郭元咀遗址铸铜遗迹分布示意图

坩埚残块

残炉壁

石器

△ 郭元咀遗址出土商代遗物

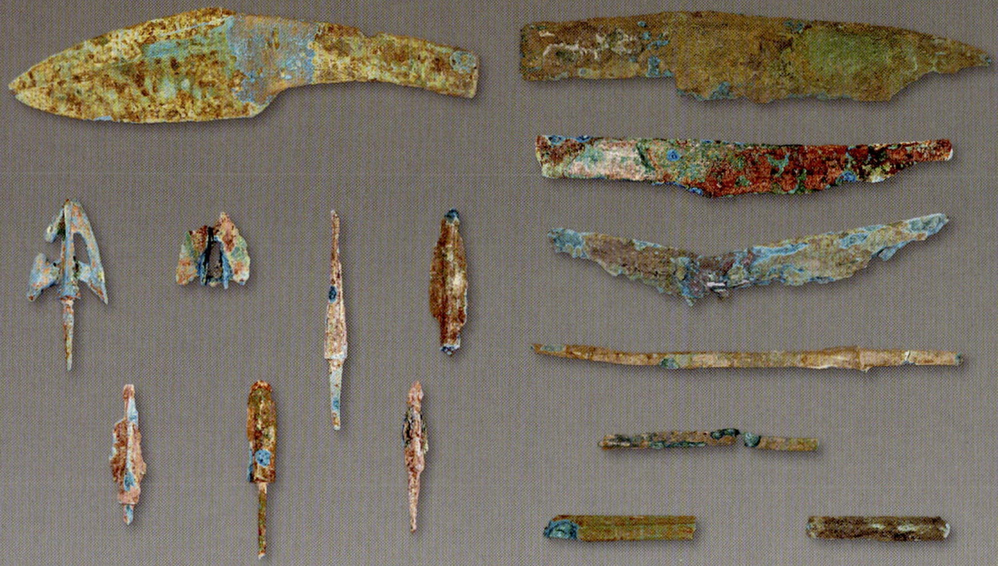

铜器

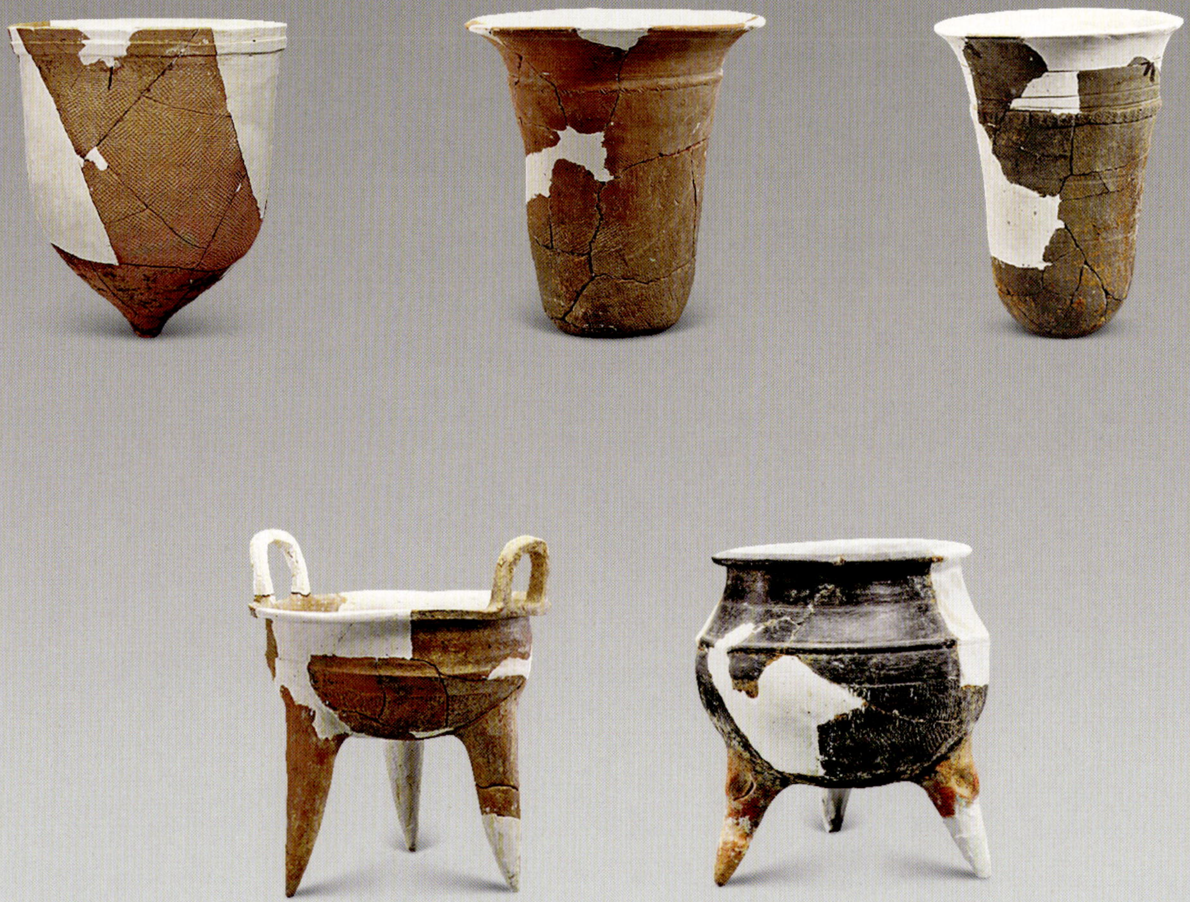

陶器

△ 郭元咀遗址出土商代遗物

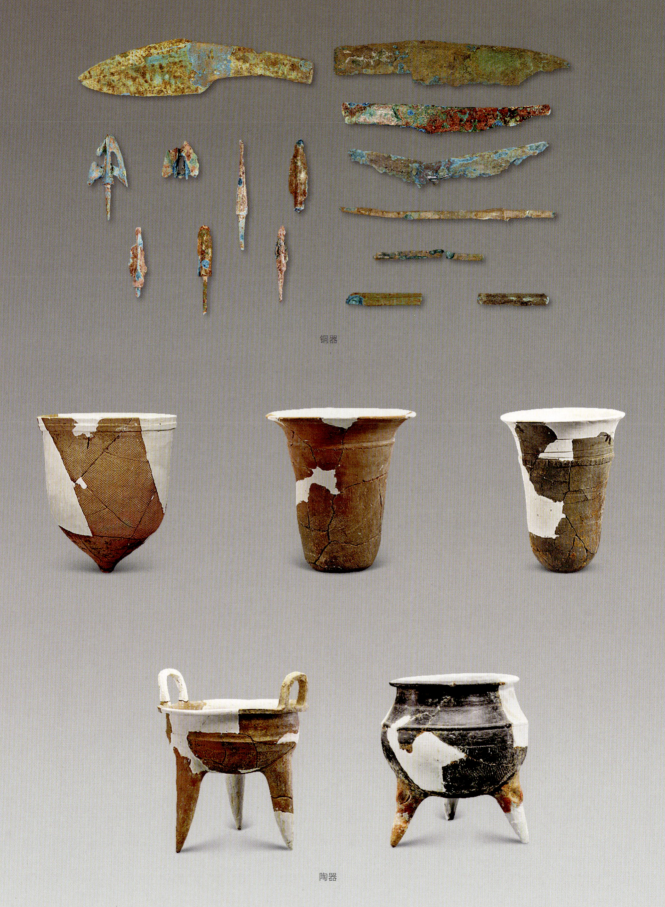

分期	分裆鬲	假腹豆	大口尊	大口缸	罐	相对年代 绝对年代
铸铜遗存晚期	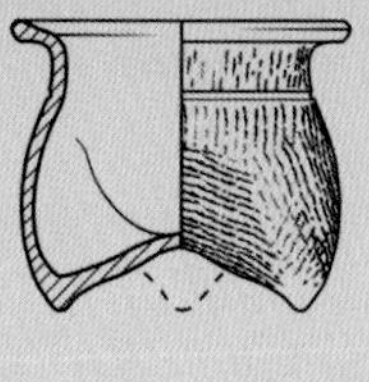 G7①:45	 T10③:8	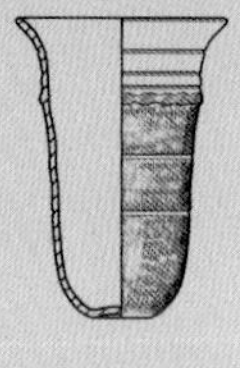 G7①:14	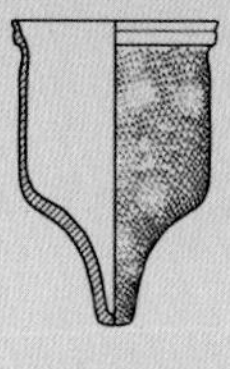 G7①:42	 H23:2	殷墟一期早段 （武丁前期） 前1250～ 前1192
铸铜遗存早期	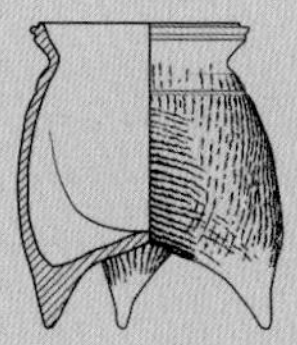 H58:1	 H2①:5	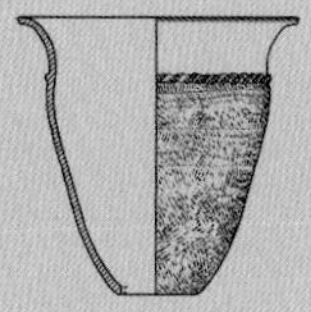 G7④:29	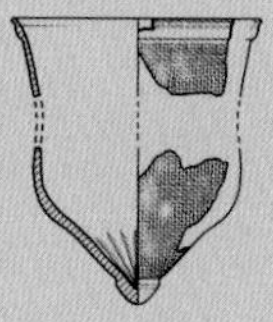 G7④:18	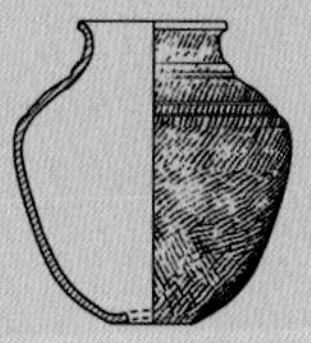 G7④:37	洹北期 （盘庚迁殷后、 小辛小乙） 前1300～ 前1251
盘龙城遗址晚期遗存	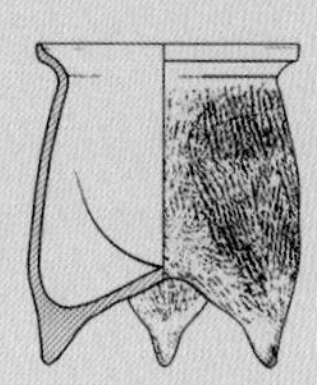 小嘴T0412③:10	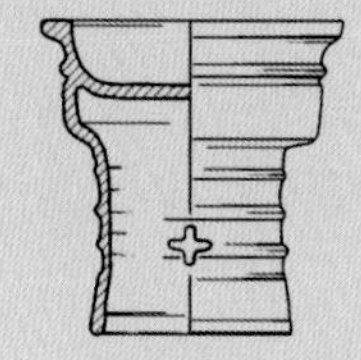 小嘴G13:3	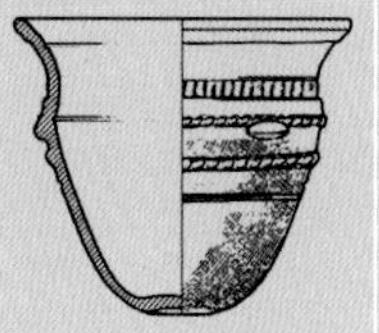 杨家湾H31:1	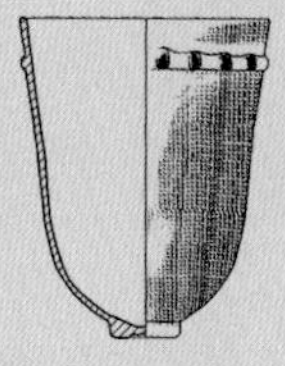 杨家湾T1015④:2	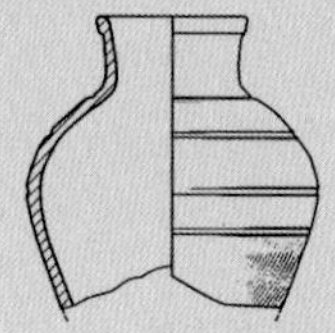 杨家湾T1013③:20	洹北期 前1385～ 前1250

测年编号	测年样品	碳十四年代	校正后年代	矫正数据库
HGS1	炭化水稻	2920 ± 30BP	1211～1020 cal BC（95.4%）	INTCAL13（北半球）
HGS2	炭化水稻	3050 ± 30BP	1401～1226 cal BC（95.4%）	INTCAL13（北半球）
HGS3	木炭	3080 ± 30BP	1418～1264 cal BC（95.4%）	INTCAL13（北半球）
HGS4	木炭	3090 ± 30BP	1427～1277 cal BC（95.4%）	INTCAL13（北半球）

△ 郭元咀遗址 G7 出土陶器组合

△ 郭元咀遗址 H2 出土陶器组合

荆南寺遗址

荆南寺遗址位于荆州市荆州区城南街道办事处五里桥社区，面积约1.2万平方米。本遗址发掘了大批商时期灰坑和少量房址、墓葬。出土铜斝、戈，陶鼎、鬲、甗、豆、罐、杯等器物。其主体文化为以陶釜形鼎、大口缸、鬶为代表的“土著”文化，以陶鬲、大口尊、深腹盆、假腹豆等为代表的二里岗早商文化次之，还有以凸肩罐、高柄杯、凸肩小杯、器盖为代表的早期蜀文化及少量长江下游文化因素。该类遗存被称为“荆南寺类型”，分布于江汉平原南部地区，很可能是早商时期中原商人南下与地方土著杂居的结果，晚商时消亡。

荆南寺遗址不同风格陶器群对比

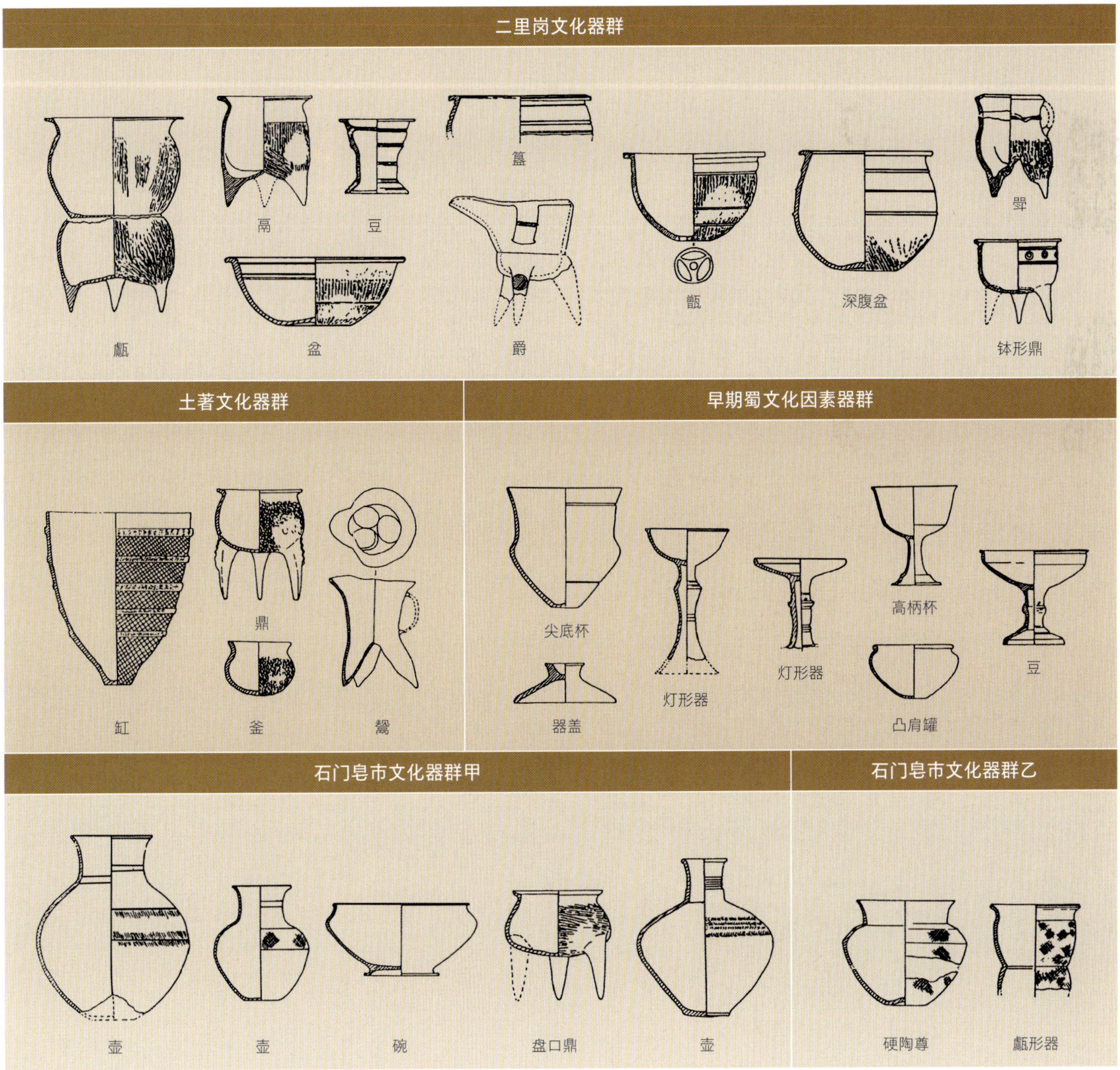

（资料来源：何驽《荆南寺遗址夏商时期遗存分析》）

周梁玉桥遗址

周梁玉桥遗址位于荆州市沙市区长港路北，面积约15万平方米。本遗址发掘清理出半地穴式房址、红烧土、灰坑等遗迹。出土遗物以陶器为大宗，包括鼎、鬲、瓮、罐、尊、纺轮，以及铜刀、铜鱼钩、骨针、骨笄、卜甲、卜骨等遗物。遗址时代为商代后期。主体是以陶鼎、釜、甑、罐、杯为典型器群的"土著"文化，又有以陶鬲、簋、甗、盆、豆为代表的中原文化因素，还有少量南方文化因素的印纹硬陶。有学者认为该类遗存应命名为"周梁玉桥文化"，此类遗存取代了荆南寺类遗存。

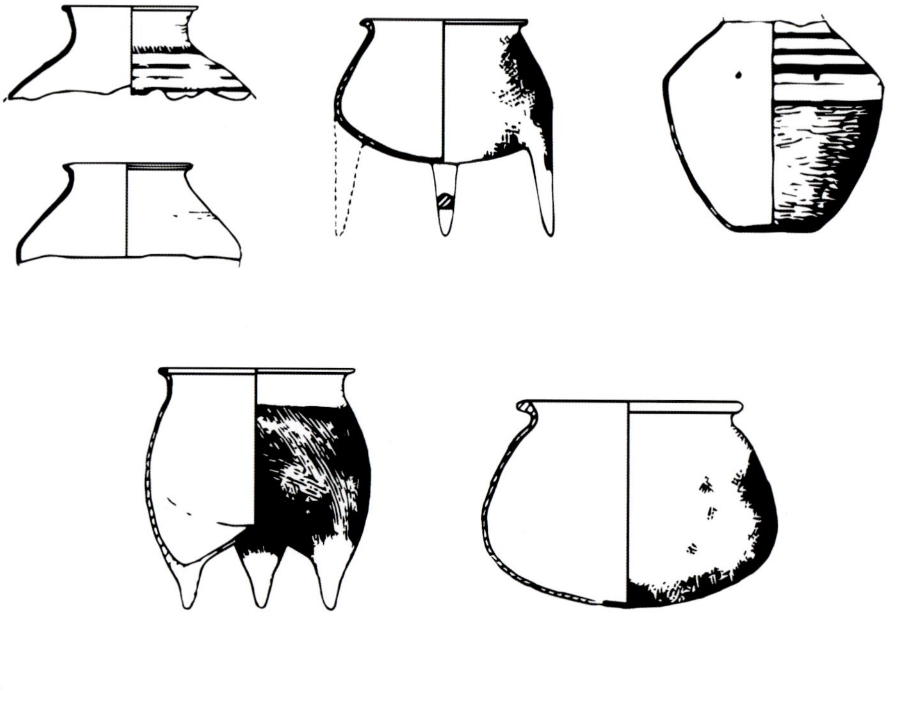

△ 周梁玉桥遗址出土陶器

香炉石遗址

香炉石遗址位于长阳土家族自治县渔峡口镇的清江中游北岸，总面积3万余平方米。出土遗物十分丰富，包括大量石、陶、骨质生产工具和以罐、釜为大宗的陶质生活用器，以及兵器、装饰品，还有大量兽骨，第4～6层出土43片甲骨。遗址时代分为夏、商代早期、商代中晚期、商末至西周、东周。发现了7座早商时期的巴人墓葬（M2～M8），属商代鄂西南地区一个较有特色的文化系统，其中心在清江流域中、下游一带和长江三峡部分地区。有学者称之为“香炉石文化”或“路家河文化”，属巴文化系统。

△ 香炉石遗址出土陶器

万福垴遗址发掘现场

肆·周之南国

灭商以后，周王朝通过分邦建国，确立了对湖北地区的统治。分封至此的周人与当地土著，共同创造出绚丽多彩的物质文化和精神文明，为南北文化的融合统一奠定了良好的基础。

第一单元

建于南土

湖北地区经考古发现确认的南土诸侯国除楚国外，有鄂、曾（随）、邓国，还有文献无载的“长子国”；其他诸侯国尚无明确的考古资料对应。但不少考古发现为探索西周封鄂诸侯国提供了线索，如鄂西南的巴国等。

〔第一组〕

曾（随）国

西周早期，曾国“建于南土”，“君庇淮夷，临有江夏”。自1966年以来，在湖北的随枣走廊和大洪山南麓不断发现曾国墓葬或遗物。特别是1978年曾侯乙墓发掘以后，这些地区又陆续有多个曾国贵族墓地、遗址被揭示出来。根据出土青铜器铭文，并结合传世文献可以确定，曾国就是文献中的随国。自周初建国至战国时期，曾立国700余年，是周代延续时间最长的诸侯国之一，曾文化是姬周礼乐文化的典型代表。

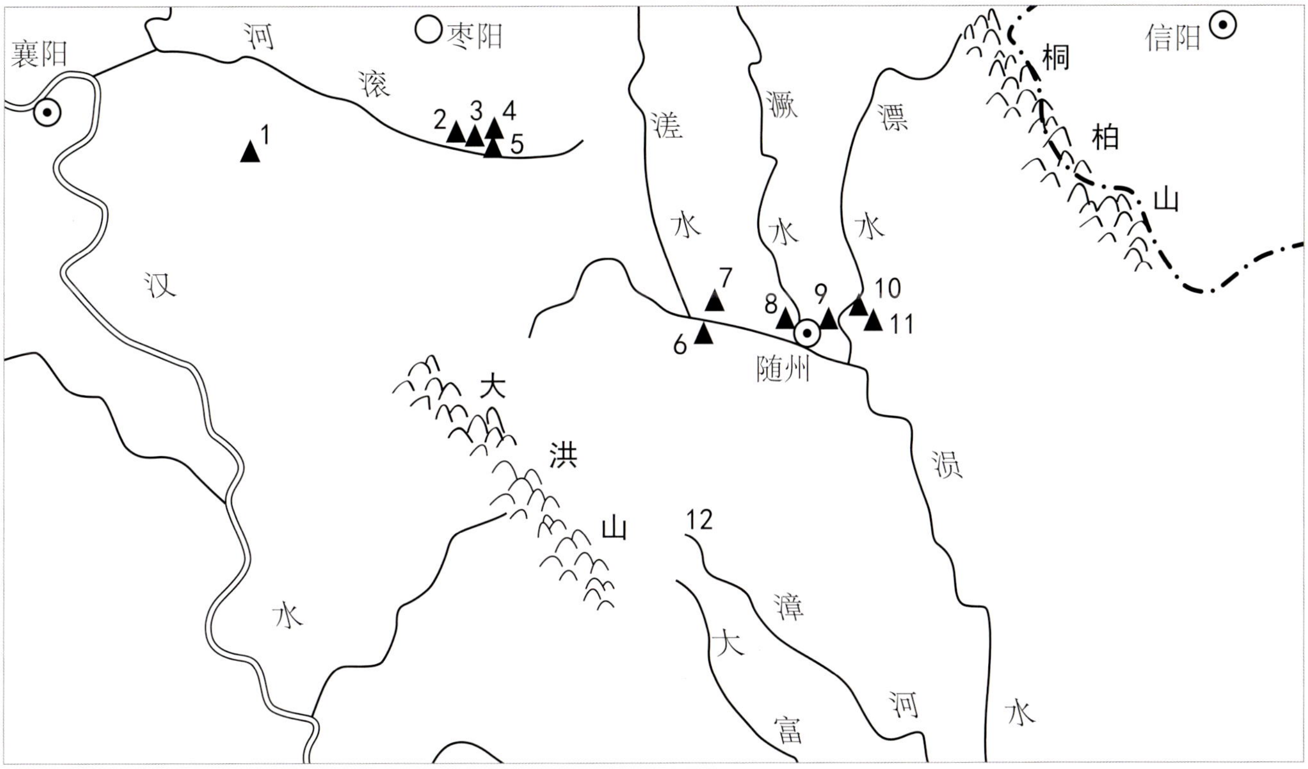

△ 曾国主要考古遗存分布示意图

曾国遗存：3. 郭家庙墓地　4. 周台遗址　5. 忠义寨城址　6. 安居城址　8. 擂鼓墩墓群　9. 义地岗墓群　10. 叶家山墓地　11. 庙台子遗址　12. 苏家垄墓地

非曾国遗存：1. 楚王城城址　2. 九连墩墓地　7. 羊子山墓地

曾国重要遗存一览表

遗存名称	地理位置	发掘情况	重要遗存	重要铭文铜器	性质
叶家山墓地	随州市曾都区淅河镇蒋寨村叶家山	2011、2013年发掘墓葬140座、马坑7座	发现三代曾侯墓：M65（曾侯谏墓）、M28（曾侯伯生墓）、M111（曾侯犺墓）	"犺作烈考南公宝尊彝"簋，曾侯谏、曾侯组器	西周早期曾侯墓地
庙台子遗址	随州市曾都区淅河镇蒋寨村叶家山墓地南1公里	1983年发掘100平方米，清理出灰坑等，出土较多商周陶器；2015年发现高台与环壕，发掘各类遗迹100多处	发现了城壕和城内大型建筑基址		西周早期曾国都城
郭家庙墓地	枣阳市吴店镇东赵湖村	三次发掘墓葬141座、车坑3座、马坑2座、车马坑3座	发现了郭家庙GM17（曾侯夫人墓），以及GM21（曾伯陭墓）与GM52、GM50与GM60，曹门湾CM1与CM2三组曾侯级墓葬	曾伯陭钺、曾侯絴白戈、曾侯作季汤芈鼎	西周晚期至春秋早期曾侯墓地
周台遗址	枣阳市兴隆镇周台村	两次发掘清理出周代灰坑、房址、水井、墓葬等遗迹	发现了大型台式建筑基址2002F3和大型水井2018J2，发现了忠义寨城址，出土了炉壁和炼渣		西周晚期至春秋早期曾国都城

续表

遗存名称		地理位置	发掘情况	重要遗存	重要铭文铜器	性质
苏家垄墓地		京山市坪坝镇苏家垄	1966年出土97件青铜器，包括9件鼎、7件簋。2016～2017年发掘墓葬106座，车马坑8座	发现了曾伯霥（M79）及其夫人芈克（M88）的墓葬	曾伯霥簠、壶，芈克簠	春秋早期至春秋晚期曾国贵族墓地
义地岗墓群	义地岗墓地	随州市曾都区东北部城区义地岗	1970年代以来多次发现曾国墓葬、青铜器。2009年清理M1、M2	曾侯丙墓（M18）	“左右楚王”甬钟、曾侯丙缶、随大司马戈	春秋晚期至战国中期曾国墓地
	文峰塔墓地	随州市曾都区文峰塔社区义地岗东南部	2012年上半年清理M4，2012年7月至2013年1月发掘东周墓葬54座、车马坑2座、马坑1座	M4或为曾侯邚墓，发现了曾侯與墓（M1），M2可能为另一曾侯墓	周王孙季怠、曾大工尹季怠戈，曾侯與编钟、曾侯戈	春秋晚期至战国中期曾国墓地
	汉东东路墓地	随州市曾都区义地岗文峰塔墓地北150米	2017年发掘春秋墓葬39座、马坑2座，其中大型墓即一椁重棺墓13座	曾叔孙湛组器	曾公得编钟	春秋中晚期曾国贵族墓地
	枣树林墓地	随州市曾都区义地岗、文峰塔墓地西	2018～2019年发掘“甲”字形大墓5座、中型墓19座、小型墓62座	曾公畩（M190）及夫人芈渔（M191）墓、曾侯宝（M168）及夫人芈加（M169）墓、曾侯得墓（M129）	曾公畩编钟，芈渔壶、芈渔鬲、楚王媵渔芈簠，唐侯制随侯簋、唐侯制随夫人鼎，曾侯宝组器，芈加编钟，楚王媵随仲芈加缶、匕，曾侯得编钟	春秋中晚期曾侯墓地
擂鼓墩墓群		随州市曾都区南郊街道办事处擂鼓墩村、马家榨村	1978～1985年先后勘探发现100余座竖穴土坑墓，已清理34座。包括擂鼓墩一号墓（曾侯乙墓）、二号墓	曾侯乙墓，擂鼓墩二号墓或为一代曾侯	曾侯乙编钟及组器，“盛君萦”簠	战国早中期曾侯墓地

考古发现的曾侯世系

曾侯	时代	备注
南宫适	西周早期（文武时期）	曾公畎编钟铭文之“丕显高祖，克仇匹周之文武，淑淑伯适”之“高祖”“伯适”；芈加编钟铭文之“伯适受命，帅禹之堵”、曾侯與编钟铭文之“伯适上庸，左右文武”之“伯适”。与周公、召公一样，应在周王室，并没有实际就封任曾侯
曾侯谏	西周早期（成康时期）	叶家山M65墓主。曾公畎编钟铭文之“皇祖建于南土……以享于其皇祖南公”之“南公”；曾侯與编钟铭文之“王遣命南公，营宅汭土”之“南公”
伯生	西周早期（康昭时期）	叶家山M28墓主。其东的叶家山M27即其夫人墓，墓中出有“伯生作彝”铭文铜盉。M28墓主的私名当为“伯生”（从李伯谦、冯时说）
曾侯犺	西周早期（昭王时期）	叶家山M111墓主。出有“烈考南公”铭文簋，是犺为其父“南公”所作。与伯生均是曾侯谏的儿子，两人兄弟关系，伯生之“伯”当为排序老大，犺应为“伯生”之弟
郭家庙M60墓主	两周之际	岩坑墓。其南的枣阳郭家庙M50即其夫人墓
曾伯陭	两周之际	枣阳郭家庙M21墓主，其北的郭家庙M52即其夫人墓
曾侯絴伯	两周之际	郭家庙曹门湾M1墓主。其东南的曹门湾M2即其夫人墓
曾侯仲子斿父	春秋早期	京山苏家垄M1墓主。夫人墓可能在1966年修建水利工程时被破坏
曾伯霥	春秋早期	京山苏家垄M79墓主。其东南的苏家垄M88墓主为夫人芈克。陈介祺旧藏曾伯霥簠现藏于国家博物馆
曾公畎	春秋中期	公元前646年前后。随州枣树林墓地M190墓主。其北的M191墓主即其夫人芈渔。1979年随州季氏梁春秋墓地出土季怠铜戈有“穆侯之子，西宫之孙”铭文，曾穆侯可能为其谥号
曾侯宝	春秋中期	随州枣树林墓地M168墓主。其北的M169墓主即是其夫人芈加
曾侯得	春秋中晚期	随州汉东东路墓地M129墓主。夫人墓没发现，应该是20世纪60年代修八一水库时被破坏
曾侯昃	春秋中晚期	曾侯昃戈出土于襄阳梁家老坟楚国墓地M11。其墓葬尚未发现
曾侯邚	春秋晚期	文峰塔M4即曾侯邚墓。 夫人墓尚未发现。 曾侯邚鼎出土于随州东风油库墓地M3。 并见于曾侯乙墓出土铜戈铭文
曾侯與	春秋晚期	随州文峰塔M1墓主，并见于曾侯乙墓出土铜戈铭文。夫人墓尚未发现
文峰塔M2墓主	春秋晚期	曾侯與墓西南59米处，规格与曾侯與墓相当。时代略晚于曾侯與。夫人墓未发现
曾侯乙	战国早期（公元前433年前后）	随州擂鼓墩M1墓主。其西的擂鼓墩M2可能为其夫人墓
曾侯丙	战国中期	随州文峰塔M18墓主。其东北的M8为其夫人墓

注：擂鼓墩土冢、王家湾土冢、王家包M1、蔡家包M14四个未发掘的曾侯级别墓葬，时代当排在曾侯丙墓之前。如是，共计21位曾侯。

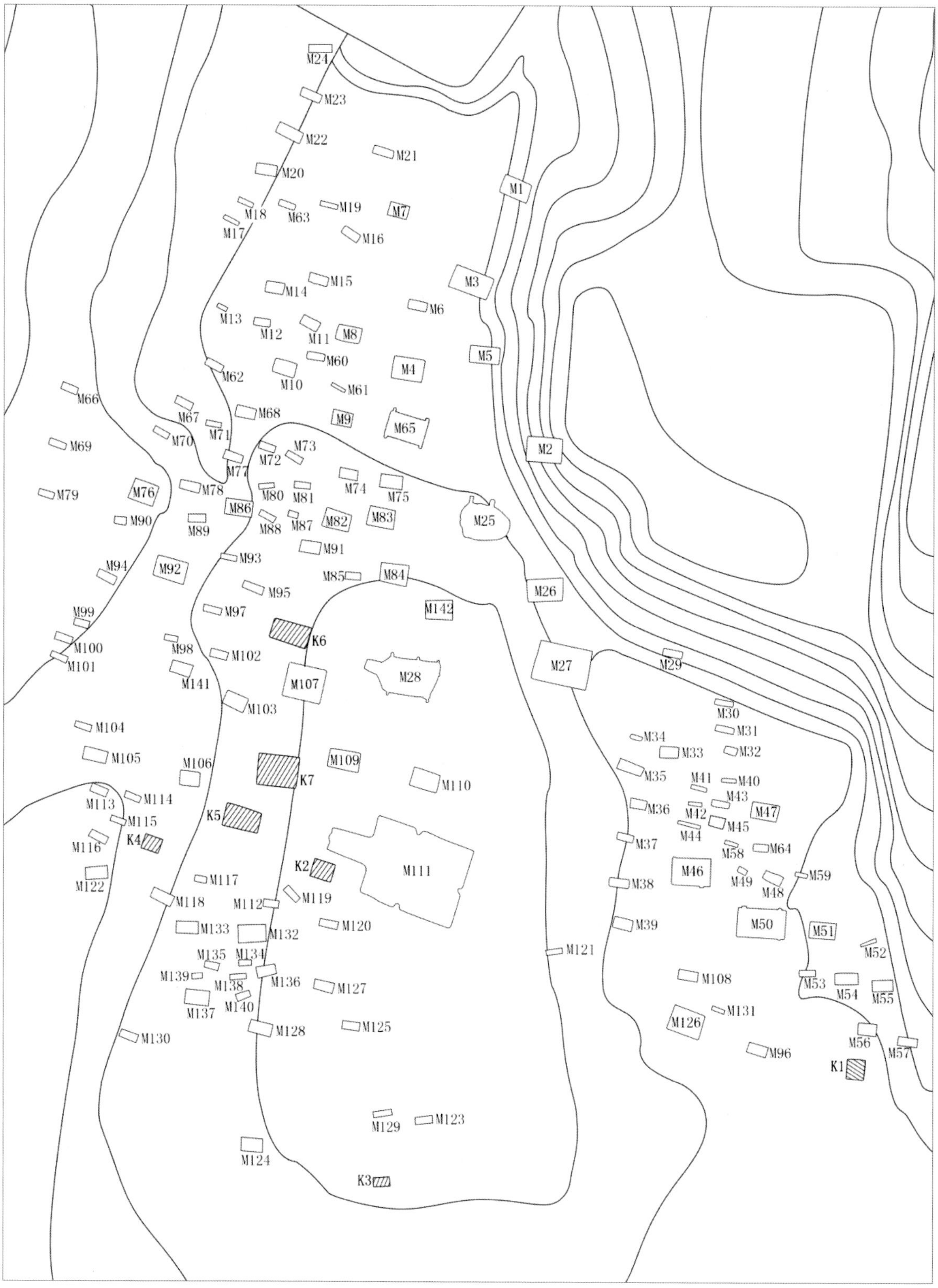
M24
M23
M22
M21
M20
M1
M18
M63
M19
M7
M17
M16
M3
M15
M14
M6
M13
M12
M11
M8
M5
M60
M62
M4
M10
M61
M66
M67
M68
M9
M65
M71
M70
M69
M73
M2
M72
M77
M74
M75
M78
M80
M81
M79
M76
M86
M82
M83
M25
M90
M89
M88
M87
M91
M93
M94
M92
M85
M84
M95
M26
M142
M97
M99
K6
M100
M98
M102
M29
M101
M27
M28
M141
M107
M103
M30
M104
M31
M34
M33
M32
M105
M106
M109
M35
M41
M40
K7
M110
M43
M113
M114
M36
M47
M42
M45
K5
M115
M44
M116
K4
M37
M58
M64
M111
K2
M46
M122
M117
M59
M49
M38
M48
M119
M118
M112
M120
M39
M50
M51
M133
M132
M121
M52
M135
M134
M139
M108
M136
M53
M54
M138
M127
M55
M137
M140
M131
M126
M128
M125
M130
M56
M57
M96
K1
M129
M123
M124
K3

△ 叶家山墓地墓葬分布图

△ 郭家庙墓地 2014 ~ 2016 年发掘墓葬分布图

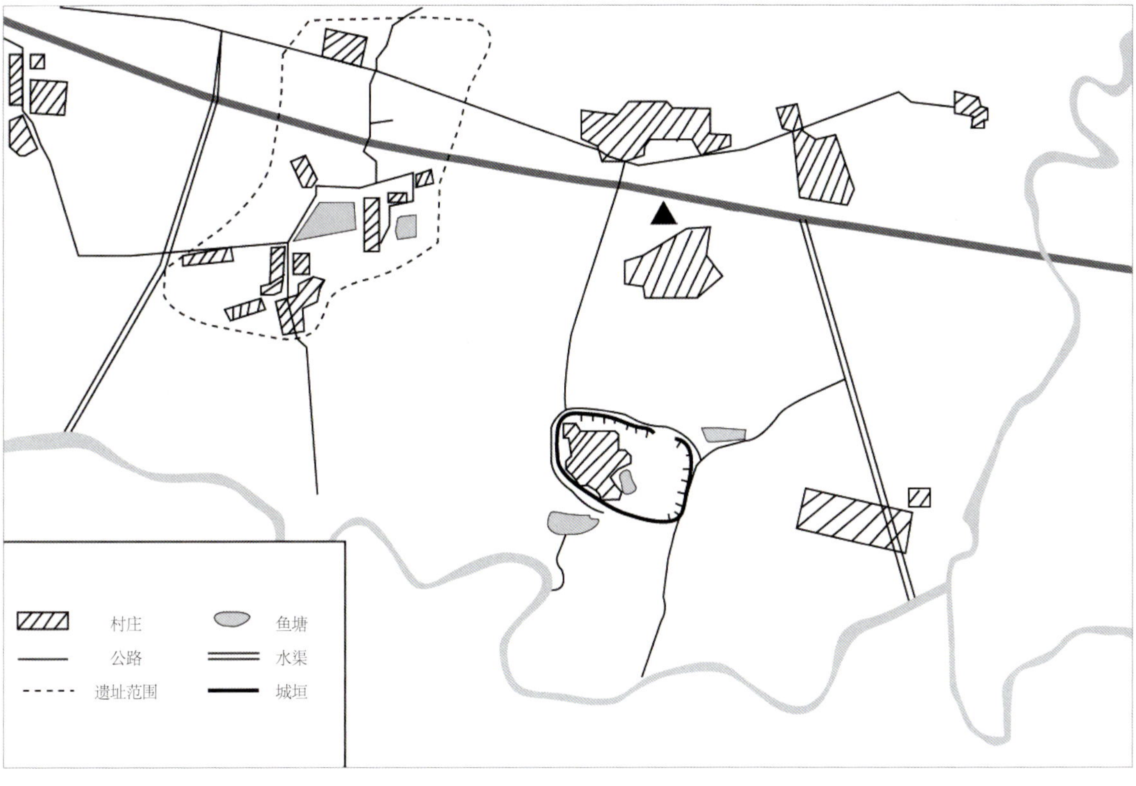

△ 周台遗址、忠义寨城址、郭家庙墓地关系示意图

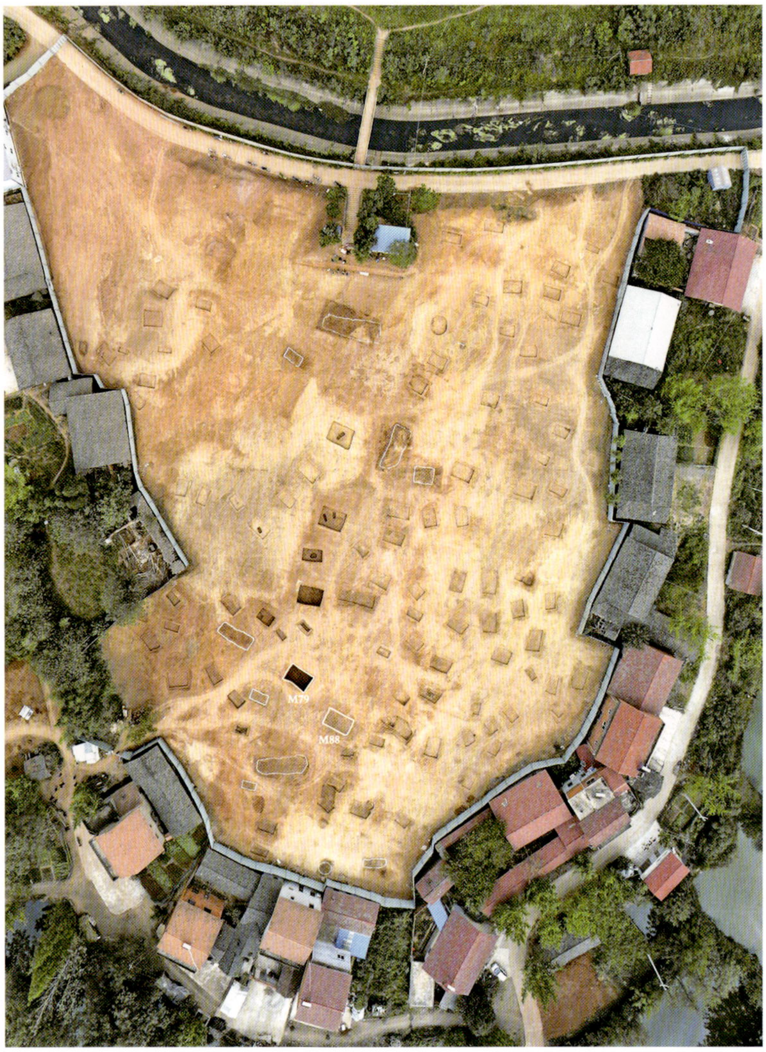

△ 苏家垄墓地墓葬分布

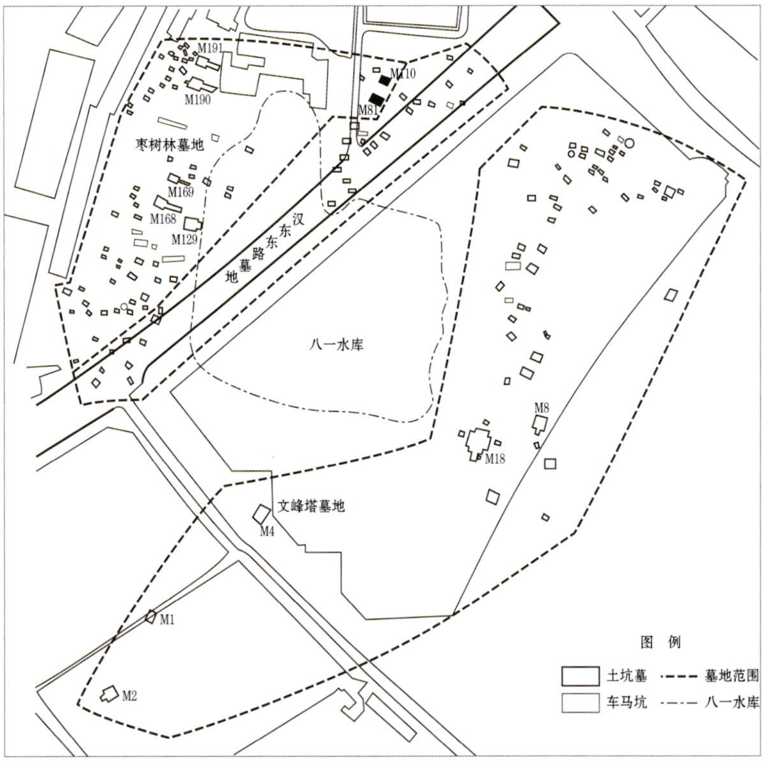

△ 义地岗墓群墓葬分布示意图

△ 叶家山墓地 M111 出土铜罍

△ 叶家山墓地 M27 出土铜罍

△ 庙台子遗址出土商代陶器

△ 庙台子遗址出土西周陶器

△ 庙台子遗址出土西周陶器

△ 郭家庙墓地出土陶器

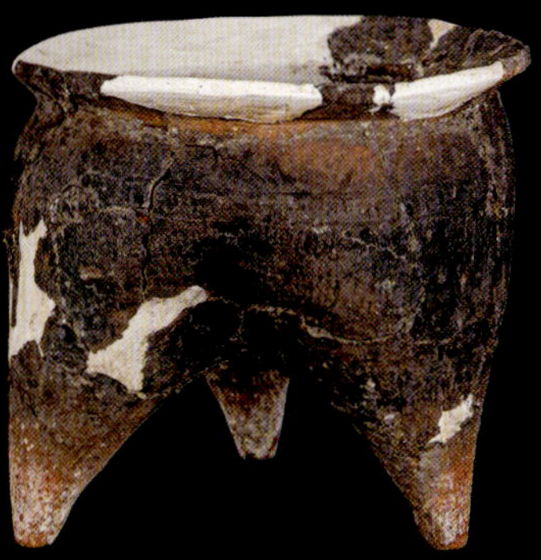

△ 张家寨遗址出土西周中期陶鬲

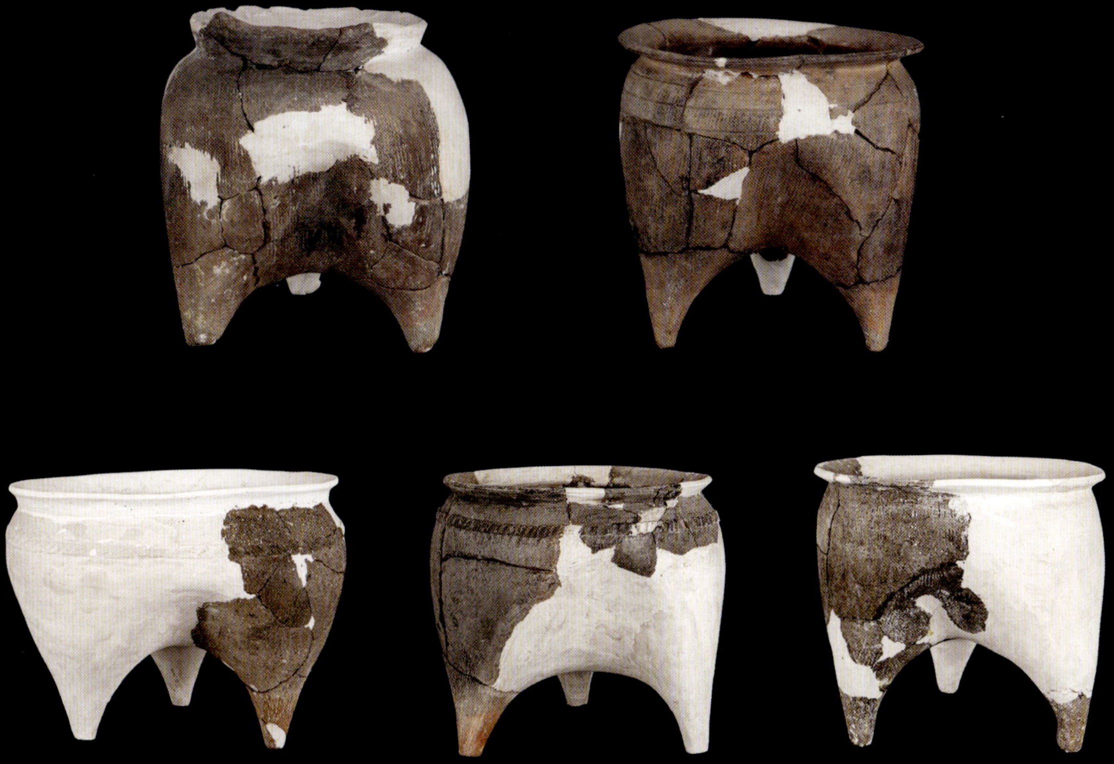

△ 张家寨遗址出土两周之际陶鬲

△ 张家寨遗址出土春秋早期陶鬲

△ 忠义寨城址 TG2 出土春秋早期陶器

△ 周台遗址 2016ZZJ1 第③层出土春秋中期陶罐

〔第二组〕

鄂国

鄂国曾是商纣王时期的“三公之一”，姞姓。西周早期青铜器“中甗”“静方鼎”均提到了“鄂”，羊子山“鄂侯”铜器群证实西周早期鄂国中心在随州羊子山附近。据禹鼎铭文记载，大概在周夷王或厉王时期，鄂侯驭方因反叛被灭国。鄂国公族被迁至他地（南阳夏响铺附近）。

羊子山墓地

羊子山墓地位于随州市西20公里处的安居镇。1975年这里出土了包含“噩侯弟”尊等在内的青铜器，1980年清理的M1出土了一组青铜器，2007年M4又发现了多件“鄂侯”“鄂仲”青铜器。

铭文释文：
鄂侯作厥宝障彝。

△ 羊子山墓地M4出土鄂侯方彝

铭文释文：鄂侯作旅彝。

铭文释文：鄂侯作旅彝。

△ 羊子山墓地 M4 出土铜器

铭文释文：
鄂仲作宝隮彝。

△ 羊子山墓地 M4 出土鄂仲方鼎

〔第三组〕

邓国

邓国嫚姓，至迟到周昭王时期，邓被封于南阳盆地。公元前678年，邓国为楚文王所灭。近年来在襄阳邓城附近分别发现了王坡、擂鼓台等邓国墓地及周家岗、黄家村、王家巷等邓国遗址，从出土有铭青铜器和文化遗存的时代可以确定，西周晚期至春秋早期邓国中心区位于襄阳邓城附近。

铭文释文：邓公牧作饙簋。

铭文释文：侯氏作孟姬隮簋，其万年永宝。

△ 襄阳蔡坡土岗出土西周晚期至春秋早期邓国铜器

△ 王坡墓地 M1 出土春秋早期邓公孙鼎

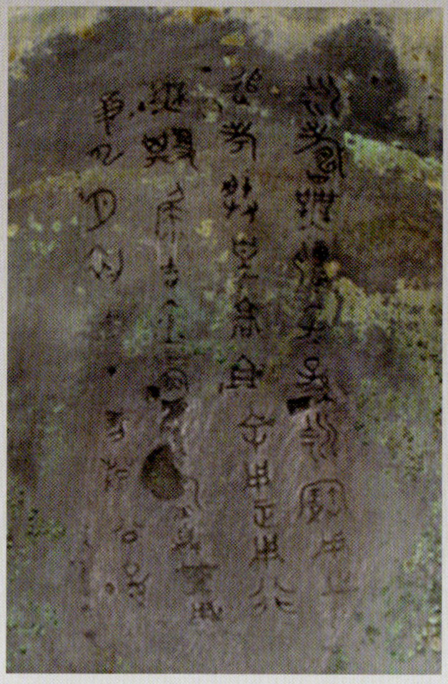

铭文释文：

唯九月初吉丁亥，邓公孙无忌选吉金铸其［宝］鼎，其用追孝朕皇高祖。余用征用行，永寿无疆，子子孙孙永宝用之。

△ 王家巷制陶作坊遗址春秋早期 H2 出土陶器

△ 王家巷制陶作坊遗址春秋早期 H46 出土制陶工具

△ 擂鼓台墓地春秋早期 M2（“邓子鄬伯”墓）出土铜器组合

铭文释文：
唯邓九月初吉庚午，邓子鄗伯自作宝陵鼎。

△ 擂鼓台墓地 M2∶6 铜鼎及铭文

铭文释文：

唯王正月，庸昭格文祖皇考，作隮簋，庸其万年子子孙永宝用。

△ 擂鼓台墓地 M2：3 铜簋及器盖铭文

△ 擂鼓台墓地 M2：7 铜罍

△ 擂鼓台墓地 M2：8 铜提梁卣

铭文释文：
邓子伯随戈。

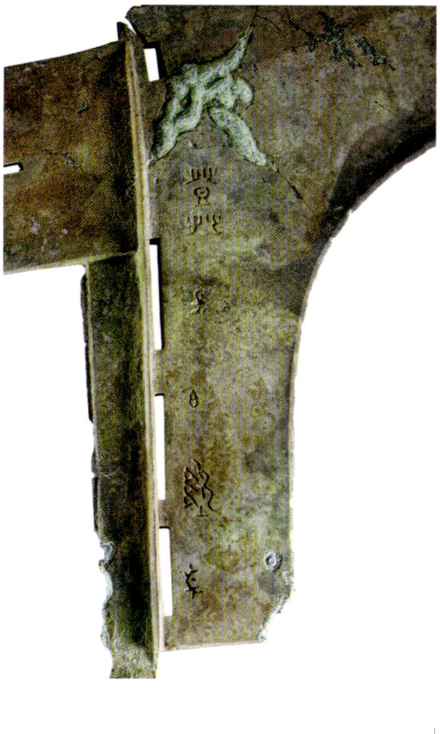

△ 擂鼓台墓地 M2 : 15 铜戈及铭文

〔第四组〕

长子国

武汉黄陂鲁台山墓地清理5座西周早期墓，出土“长子狗”铭文铜器，表明西周早期这里存在长子国。“长子”见于商代殷墟三期甲骨文，其曾向商王朝贡（“长子惟龟至”）。鲁台山郭元咀遗址点测年集中在距今3100年左右，或可证长子国商代即分封于此，并延续至西周早期。

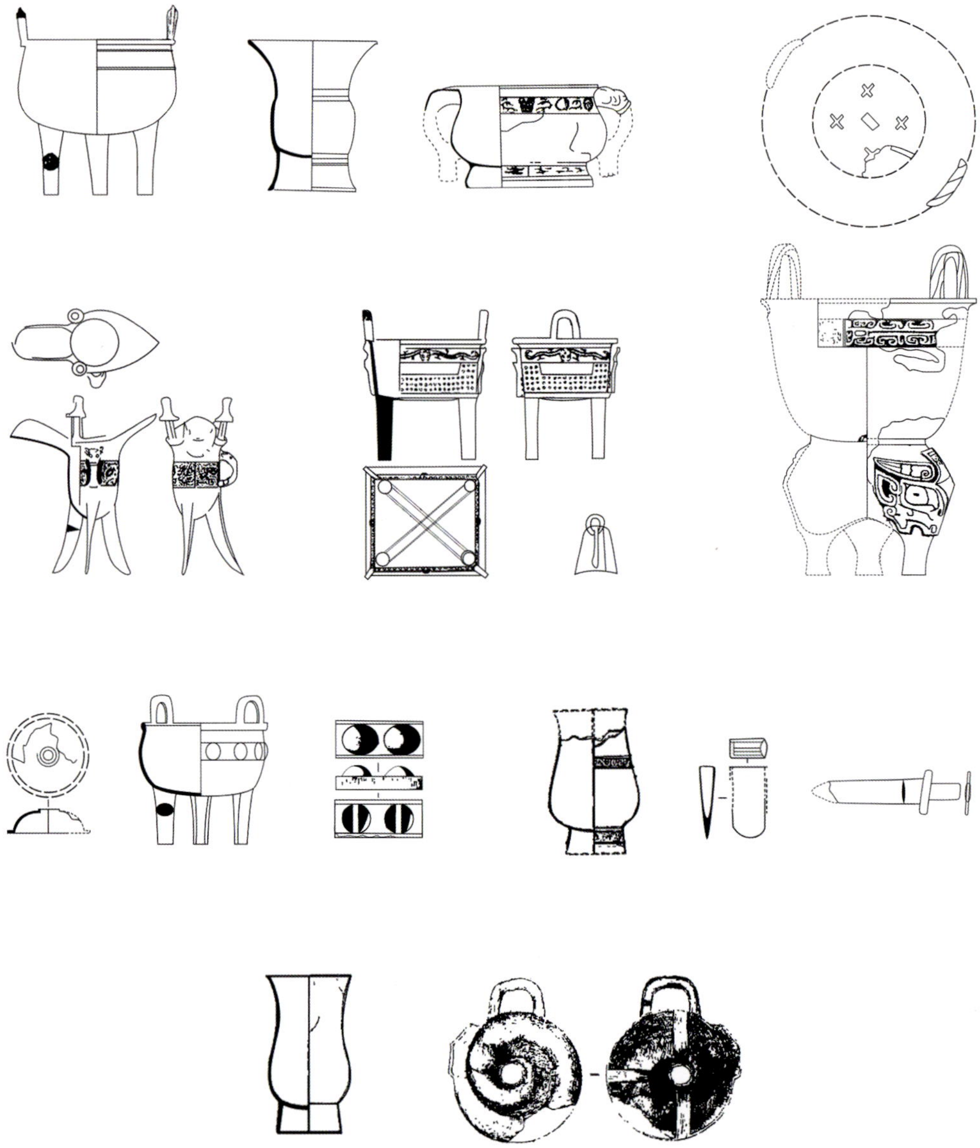

△ 鲁台山墓地出土西周早期铜器

△ 鲁台山墓地西周早期铜器铭文

〔第五组〕

其他国族

除上述诸侯国外，湖北地区还存在着传世文献未载的诸侯国和苗蛮、百濮、百越等古老民族。特别是鄂东地区西周文化遗存具有较浓厚的地方文化特色，或与百越有关。重要的发现有金罗家遗址西周城址、毛家咀遗址木构建筑遗迹、新屋塆铜器窖藏和大路铺、和尚垴冶炼遗迹等。

大路铺遗址

大路铺遗址位于阳新县白沙镇土库村大路铺东，面积约8万平方米。经过四次发掘，发现商周文化遗迹216处，包括灰坑、灰沟、房址、灶、窑址、水井、烧坑、烧土、墓葬等。出土陶器有鼎、鬲、甗、罐、瓮、罍、盆、钵、豆、盂、卣、滤盉等，另出土有部分硬陶器、玉器和少量铜器、漆木器，以及矿石、炉壁、炼渣等。该文化源于安徽潜山薛家岗夏商文化，并受到了周边文化的影响，是一支以地方特色为主的考古学文化，或可命名为“大路铺文化”。

△ 大路铺遗址商周时期炼渣

△ 大路铺遗址商代晚期 H50 出土陶器组合

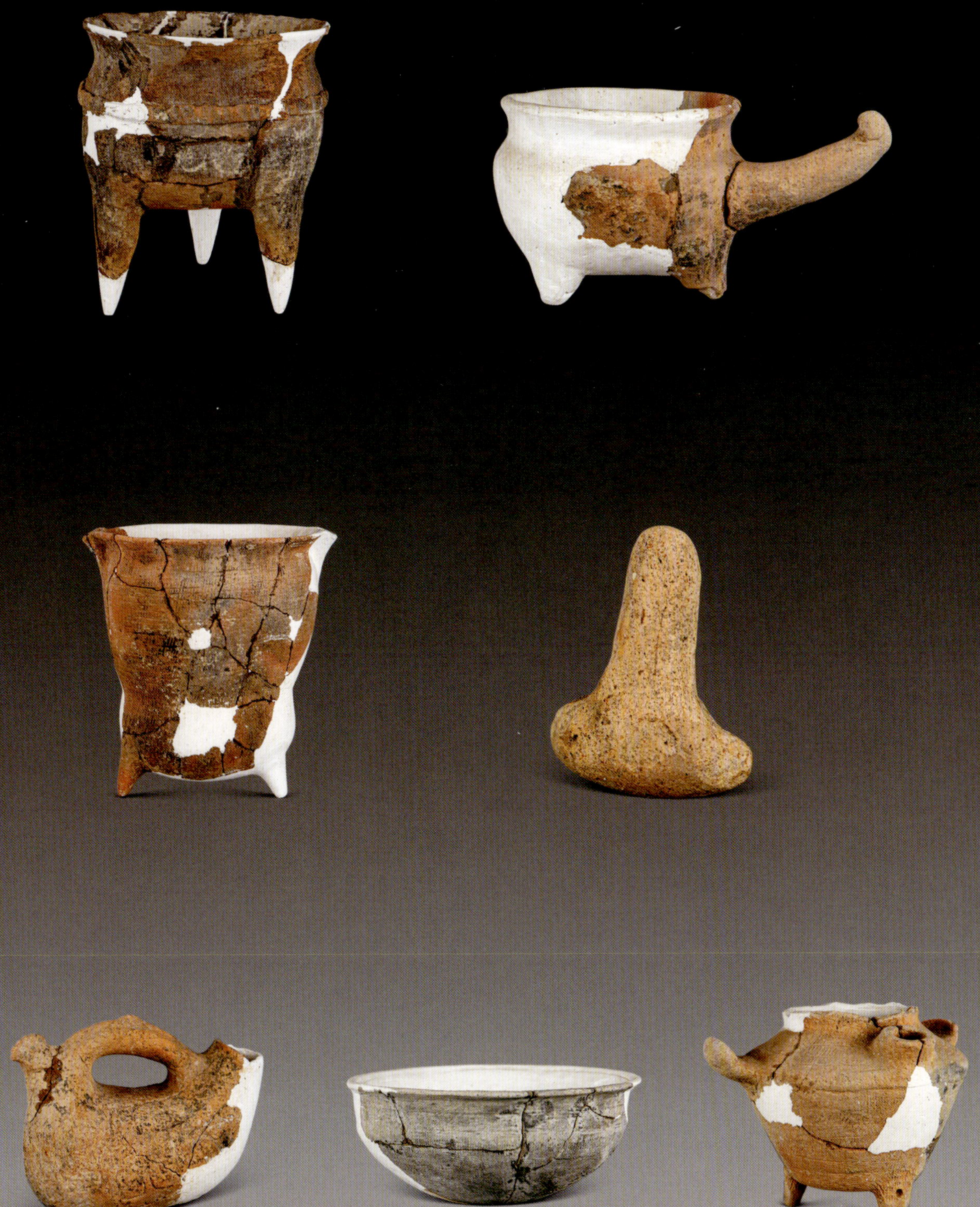

△ 大路铺遗址出土商周陶器

△ 黄梅焦墩遗址 G1 第 ③层出土西周陶鬲组合

△ 黄梅焦墩遗址 H6 出土西周陶钵组合

△ 黄梅焦墩遗址 G1 第 ⑦层出土西周陶器组合

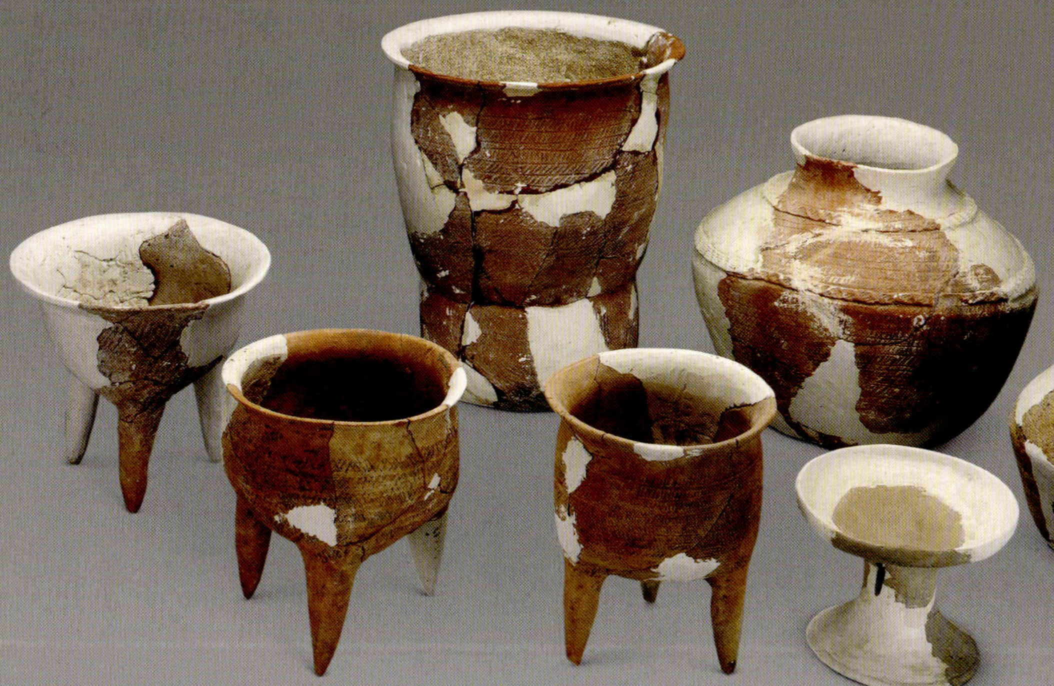

△ 武穴磨尔山遗址 H5 出土西周陶器组合

△ 枣阳毛狗洞遗址西周早期 H1 出土陶器

第二单元

五霸七雄

西周初年，周王封楚于荆山，方圆不到百里，楚人向汉水东部发展，日益壮大。春秋时期，楚国威服江淮，势力逐渐扩张至黄河流域，积极参与中原争霸。战国时期，经过数次改革，国力臻于盛极，成为“战国七雄”之一。

◎楚国崛起

分封至楚地之后，楚人逐渐发展壮大，并摆脱了中央王朝的控制。春秋时期，楚国继续向汉东、江淮和江汉平原扩张。至楚武王熊通时，楚成为汉东霸主，熊通称王，是楚国崛起的标志。万福垴和真武山遗址是考古发现的早期楚文化的代表。

《楚居》记录的楚王世系与楚国都城对应表

楚王名	世系	在位时间	名号	都城
穴熊				京宗
丽季	穴熊之子			京宗
熊狂	丽季之子			京宗
熊绎	熊狂之子			京宗、夷屯
熊只	熊绎之子			夷屯
熊䵣	熊只之子			夷屯
熊樊	熊䵣之子			夷屯
熊锡	熊胜之弟			夷屯
熊渠	熊锡之子			夷屯、发渐
熊艾	熊渠之子			发渐
熊挚	熊艾之子			发渐、旁屽
熊延	熊挚之弟			旁屽、乔多
熊勇	熊延之子			乔多
熊严	熊延之子			乔多
熊霜	熊严之子			乔多
熊雪	熊严之子			乔多
熊训	熊严之子			乔多
熊咢	熊训之子			乔多
熊仪	熊训之子		若敖	乔多、鄀
熊率	熊仪之子		蚡冒	鄀、焚
熊鹿	熊率之子		霄敖	焚、宵
熊达（通）	熊鹿之弟	公元前740~前690年	前704年自号武王	宵、免（疆）郢
熊赀	熊通之子	公元前689~前677年	文王	疆郢、湫郢、樊郢、为郢、免郢（福丘）
熊囏	熊赀之子	公元前676~前672年	庄敖	福丘、鄀郢
熊恽	熊囏之弟	公元前671~前626年	成王	鄀郢、湫郢、？、睽郢
熊商臣	熊恽之子	公元前625~前614年	穆王	睽郢、为郢
熊侣	熊商臣之子	公元前613~前591年	庄王	为郢、樊郢、同宫之北、蒸之野、？、为郢
熊审	熊侣之子	公元前590~前560年	共王	为郢
熊招	熊审之子	公元前559~前545年	康王	为郢
熊员	熊招之子	公元前544~前541年	郏敖	为郢
熊围	熊审之子	公元前540~前529年	灵王	为郢、乾溪之上
熊居	熊审之子	公元前528~前516年	平王	乾溪之上
熊珍	熊居之子	公元前515~前489年	昭王	乾溪之上、媺郢、鄂郢、为郢
熊章	熊珍之子	公元前488~前432年	惠王	媺郢、为郢、湫郢（改名肥遗）、鄩郢、鄗吁、蔡、鄩
熊中	熊章之子	公元前431~前408年	简王	疆郢、蓝郢、鄘郢、鄌郢
熊当	熊中之子	公元前407~前402年	声王	鄘郢、郲郢
熊疑	熊当之子	公元前401~前381年	悼王	鄘郢、肥遗、鄩郢

万福垴遗址

万福垴遗址位于宜昌市白洋工业园区。2012年因施工发现一批西周早中期青铜器，包括铜鼎1件，甬钟12件，其中1件钟上有铭文“楚季”等。经过2012～2015年三次发掘，清理出灰坑、灰沟、窑址等，出土大量陶器标本和少量铜器，时代为西周至春秋中期。该遗址G7的测年数据中有三个落在公元前1000年左右。其文化面貌较复杂，以周文化为主，同时也有鄂西、鄂东乃至长江上、下游文化因素。

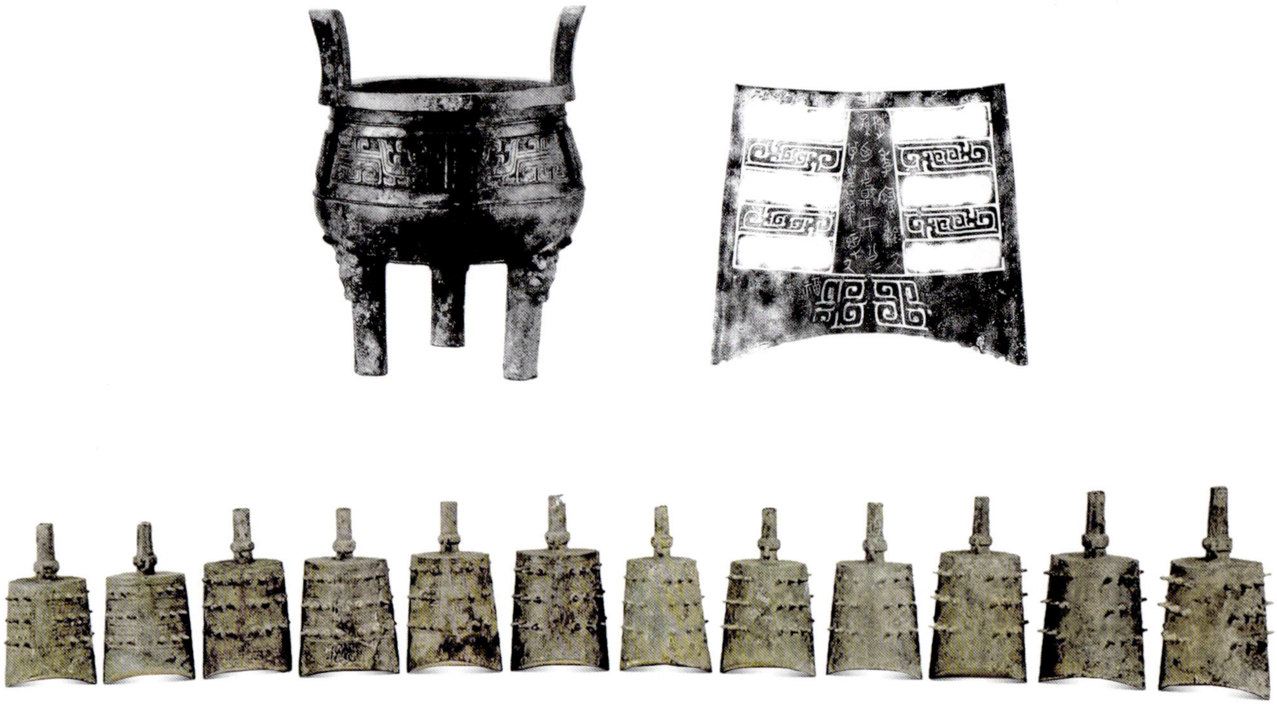

△ 万福垴遗址 2012 年出土铜器

△ 万福垴遗址西周晚期 G7 第②层出土陶器

△ 万福垴遗址春秋时期 H79 出土陶器

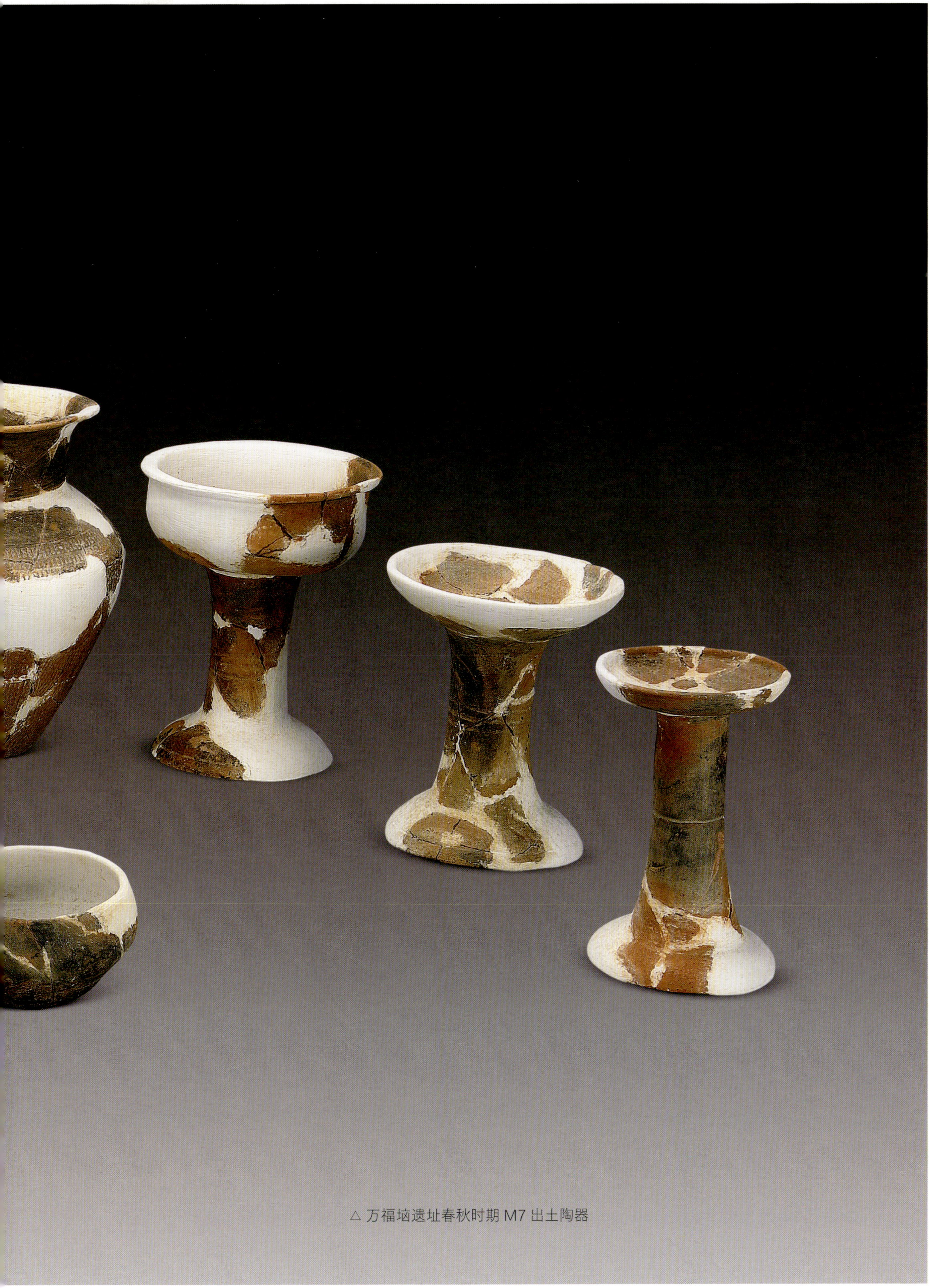

△ 万福垴遗址春秋时期 M7 出土陶器

△ 石家河神祖台遗址出土陶器

真武山遗址

真武山遗址位于襄阳市襄城区真武山北麓，面积约2万平方米。发掘清理遗迹100余处，出土大量陶器及少量卜骨、卜甲等，时代从西周中期至战国中期。西周中期至春秋早期遗存被称为“真武山类遗存”，推测为早期楚文化遗存，其形成后向襄宜平原等地扩展。

△ 真武山遗址出土“弓矢”卜骨

△ 房县孙家坪遗址西周中期 H6 出土陶鬲

郭家岗遗址

郭家岗遗址位于宜城市雷河镇官堰村，面积约120万平方米，文化层厚约3米。1990年发掘400平方米，出土了以陶器为主的大量遗物，时代为西周晚期至战国晚期。有学者认为该遗址可能为楚国郢都之一。

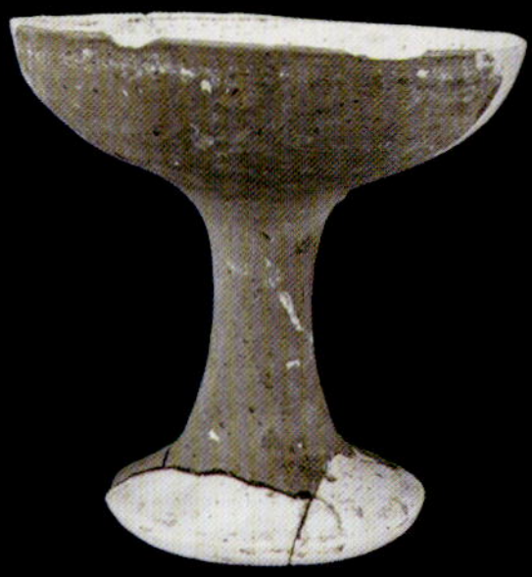

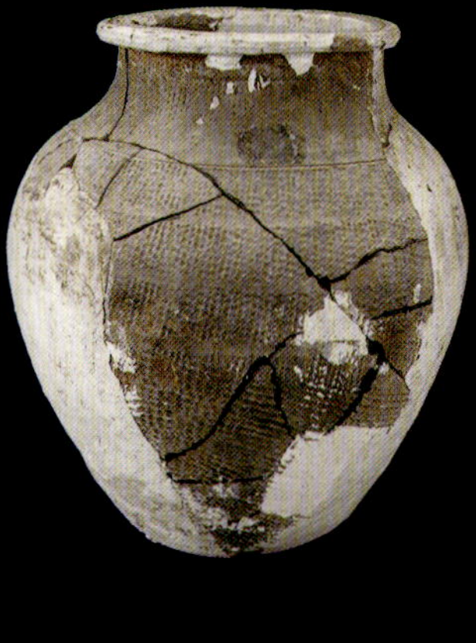

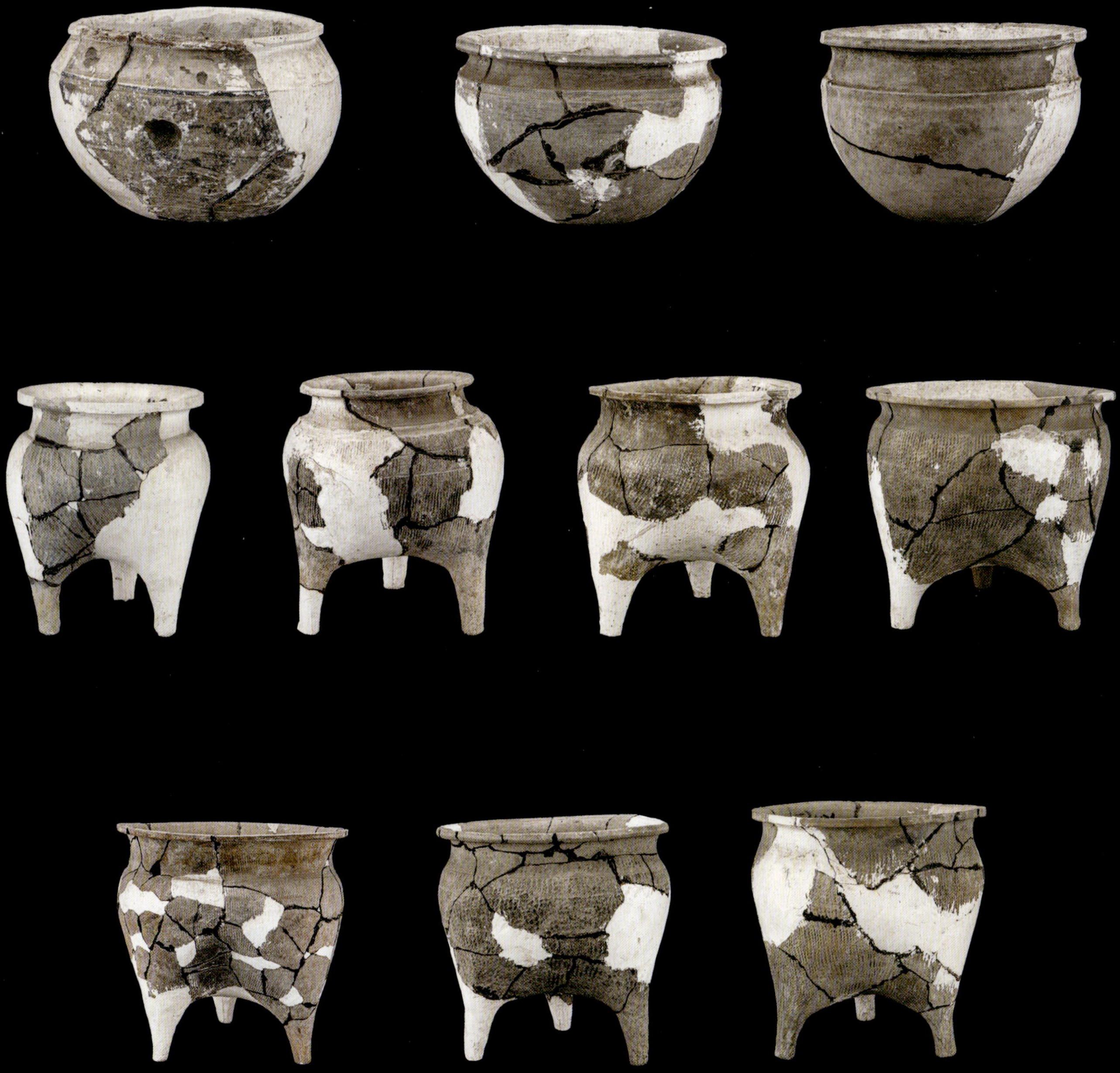

△ 郭家岗遗址出土春秋时期陶器

△ 宜城肖家岭遗址 H22 第 ②层出土春秋早期陶器

◎ 楚国称霸

自春秋中期开始，湖北地区除随州城区附近为楚之附庸随（曾）国外，全部纳入楚境。楚国依托稳固的后方北上中原、东进淮域，并南下湖湘，成为“春秋五霸”之一；战国时期更是几乎占据了南半个中国，成为“地方五千里，带甲百万，车千乘，骑万匹，粟支十年”的强国。湖北境内楚文化遗存分布密集，类型多样，展现了楚国的强大实力。

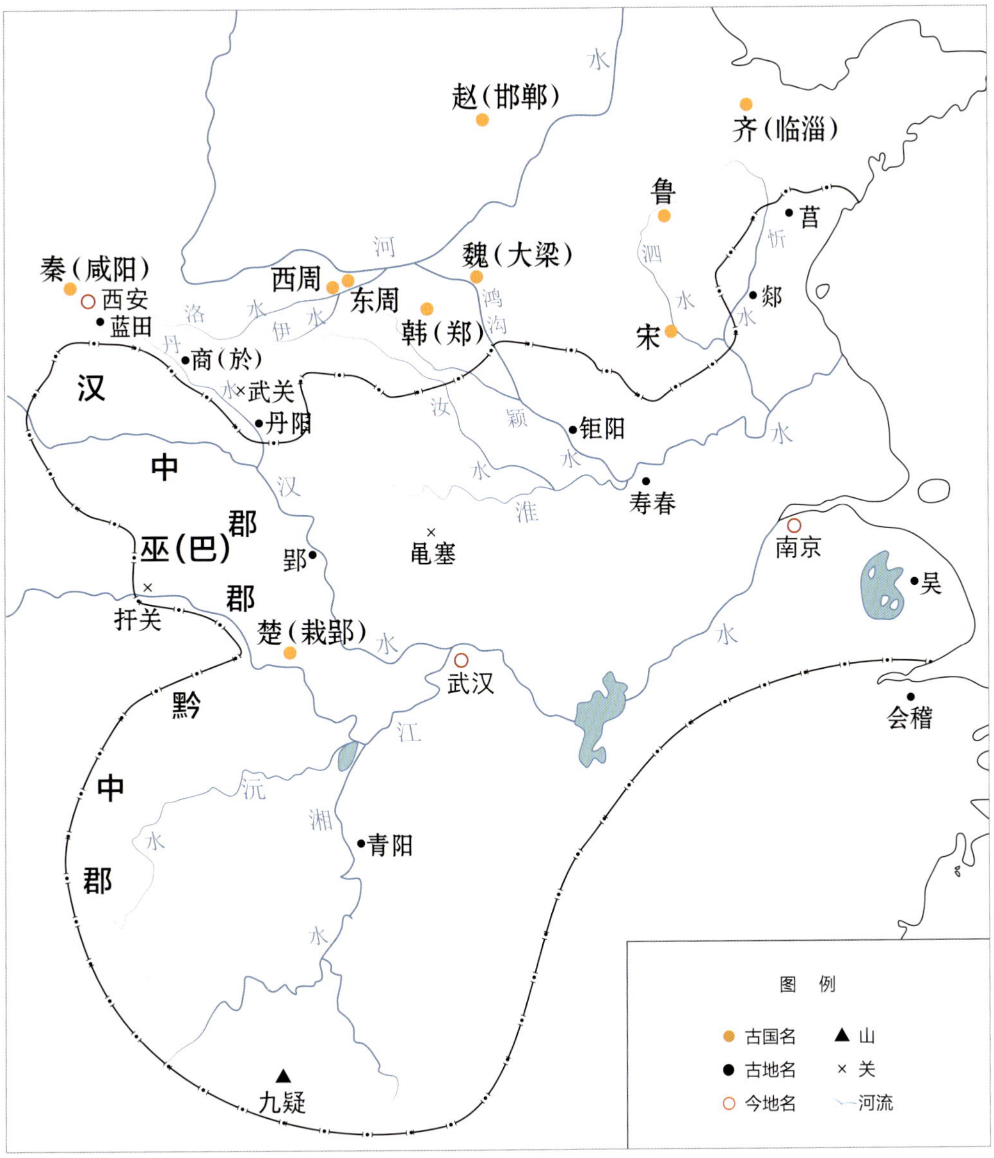

△ 楚国极盛时期疆域示意图（公元前 318 年）

楚灭国表

时代	被灭国家	故址所在地
楚武王 （公元前740年~前690年）	权（子姓）	湖北当阳县东南有权城
	州	湖北监利县之州陵城
	蓼	河南唐河稍西八十里
	罗（熊姓）	湖北宜城县西二十里罗川城
	鄀	湖北宜城县西南九十里
	厉（姬姓）	湖北随县北厉山店
	鄢（妘姓）	湖北宜城县西南
	谷	湖北襄阳谷城县西十里有谷城山
	式（姬姓）	湖北应城县境
	轸（姬姓）	湖北应城县西
	郧（妘姓或姬姓）	湖北沔阳县境
	绞	湖北郧县西北
楚文王 （公元前689年~前677年）	西申（姜姓）	河南南阳县有故申城
	吕（姜姓）	河南南阳城西三十里
	应（姬姓）	河南鲁山县境
楚成王 （公元前671年~前626年）	弦（姬姓）	河南潢川县西北
	黄（嬴姓）	河南光山县西十二里有黄城
	夔（芈姓）	湖北秭归东二十里有夔子城
	东申（姜姓）	河南信阳县境
	訾	河南信阳县境
	道（姬姓）	河南确山县北二十里有道城
	柏	河南西平县有柏亭
	沈	河南平舆有沈亭
	蒋（姬姓）	河南固始县（古期思县）
	英（偃姓）	安徽金寨县与霍山县之间
	樊	河南信阳平桥西
	房（祁姓）	河南遂平县为古房国地
	番	河南南部
	许（姜姓）	河南许昌一带
楚穆王 （公元前625年~前614年）	江（嬴姓）	河南息县西南
	六（偃姓）	湖北六安县北
	蓼（姬姓）	河南固始县东北有蓼城岗
	茄	安徽的淮夷小国

时代	被灭国家	故址所在地
楚穆王（公元前625年~前614年）	宗（偃姓）	安徽舒城东南
	舒（偃姓）	安徽舒城境
楚庄王（公元前613年~前591年）	庸	湖北竹山县
	麇（芈姓）	湖北房县
	舒蓼（偃姓）	安徽舒城县南
	皖（偃姓）	安徽安庆以西至鄂东边境
	萧	安徽萧县境
楚共王（公元前590年~前560年）	舒庸（偃姓）	安徽舒城县、庐江县至巢县一带
	桐（偃姓）	安徽桐城县一带
	巢（偃姓）	安徽安庆市北一带
楚康王（公元前559年~前545年）	舒鸠（偃姓）	安徽安庆市北一带
楚灵王（公元前540年~前529年）	赖（姬姓）	安徽泗县一带
	东不羹	河南舞阳北
	西不羹	河南襄城县东南二十里
楚昭王（公元前515年~前489年）	唐（姬姓）	湖北枣阳县东南
	顿（姬姓）	河南项城西南
	胡（妫姓）	安徽阜阳县境
	蛮氏	河南汝阳县东南临汝县西南
楚惠王（公元前488年~前432年	陈（妫姓）	河南省淮阳县
	蔡（姬姓）	河南新蔡里一带
	杞（姒姓）	河南杞县境
楚简王（公元前431年~前408年）	莒（嬴姓）	山东莒县境
楚威王（公元前339年~前329年）	越（姒姓）	浙江会稽一带
楚考烈王（公元前262年~前238年）	鲁（姬姓）	山东曲阜一带
	郕（曹姓）	山东邹县东南

◎楚国城址

春秋中期以前，楚国“慎其四竟，犹不城郢”，直到春秋晚期才筑郢城。楚国城邑，文献记载近300座，考古发现60余座。其规模有大有小，包括都城、别都、县邑（封邑）、军事堡垒等几种。

楚国城邑一览表

名称	地点	时代	形状
季家湖城	湖北当阳	春秋	不规则长方形
纪南城	湖北江陵	春秋晚期至战国晚期	长方形
楚皇城	湖北宜城	春秋战国	长方形
鄂王城	湖北大冶	东周	不规则长方形
吕王城	湖北大悟	春秋	
草王嘴城	湖北大冶	东周	不规则长方形
作京城	湖北黄陂	战国两汉	十字形
草店坊城	湖北孝感	战国两汉	不规则长方形
楚王城	湖北云梦	东周秦汉	长方形
禹王城	湖北黄冈	东周秦汉	长方形
邓城	湖北襄阳	春秋至六朝	
大箕铺城	湖北阳新	东周	
岳飞城	湖北荆门	东周秦汉	长方形
土门古城	湖北蒲圻	东周秦汉	长方形
古龙城	河南淅川	东周	略呈长方形
扶沟古城	河南扶沟	东周	长方形
古鄢城	河南鄢陵	东周	略呈长方形
城阳城	河南信阳	东周	梯形
黄城	河南潢川	东周	长方形

名称	地点	时代	形状
上蔡城	河南上蔡	东周	长方形
东不羹城	河南舞阳	东周	凸字形
西不羹城	河南襄城	东周	凸字形
蓼城	河南固始	东周	长方形
析城	河南西峡	东周	长方形
期思古城	河南淮滨	东周	长方形
古胡城	河南舞阳	东周	长方形
陈城	河南淮阳	东周至汉代	长方形
定阳城	河南淅川	东周至汉代	长方形
寺湾古城	河南淅川	东周至汉代	
兴化城	河南淅川	东周至汉代	
马蹬城	河南淅川	东周至汉代	
罗城	河南淅川	东周至汉代	
采菱城	湖南桃源	东周	长带形
白公城	湖南慈利	东周	长方形
罗城	湖南汨罗	东周	长方形
古城堤城	湖南石门	东周	长方形
申鸣城	湖南临澧	东周	长方形
安定古城	湖南平江	东周	
麇子国城	湖南岳阳	东周	
长沙楚城	湖南长沙	东周	
寿春城	安徽寿县	东周	长方形
苍陵城	安徽寿县	东周	
鸡叫城	湖南澧县	东周至汉代	长方形
城头山城	湖南澧县	东周	长方形
古城岗	湖南澧县	东周至汉代	长方形
宋玉城	湖南澧县	东周	长方形
索县古城	湖南常德	东周	长方形
五城	湖南辰溪	东周	
张若城	湖南常德	东周	
司马错城	湖南常德	东周	
义陵城	湖南溆浦	东周至汉代	长方形
黔中故城	湖南沅陵	东周至汉代	长带形

都城

传世文献记载的楚国都城有丹阳、郢都、陈郢、寿郢等，新出清华简《楚居》记载楚悼王之前的楚先公先王所居都城达二十多处，且变动频繁。目前湖北境内可确定的楚国都城有季家湖城址、纪南城城址。

季家湖城址

季家湖城址位于当阳市草埠湖镇季家湖村南，地处江汉冲积平原西端、沮漳河流域西侧，宜昌、当阳、枝江、荆州四市交界处。城址叠压在新石器时代晚期遗存之上，南北长1600、东西宽1400米。现存夯土南垣长86、底宽13.4、残高1.4米。城壕距城垣10～34米，壕沟长86、宽9.8、深约1米。一号台基位于城址北部中央，曾出土青铜“秦王卑命”钟和大型青铜构件及绳纹筒瓦、板瓦。发现有东周时期房基、制陶作坊、窑穴和墓葬。有学者认为是战国早期楚都。其周围分布有密集的楚文化遗存。

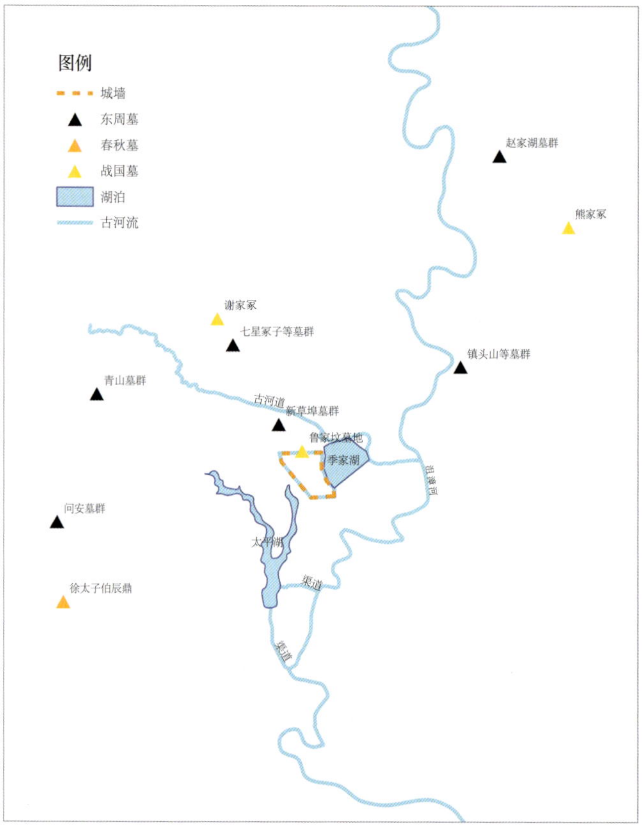

△ 季家湖城址与周边遗存分布图

（资料来源：王琢玺《周代江汉地区城邑地理研究》）

△ 季家湖城址 T1 第 ③层出土陶罐和板瓦

纪南城城址

纪南城城址位于荆州城北纪山之南，公元前278年秦将白起拔郢前，楚国都于此。当时城内十分繁华，文献称："车毂击，民肩摩，市路相排突，号为朝衣鲜而暮衣弊。"

考古资料显示，纪南城东西长4450、南北宽3588米，城垣为夯土筑成，周长15506米，城内总面积约16平方公里，是迄今已发现的我国南方最大的一座古城。现已发现城门8处，其中水门3处。城内宫殿、手工业作坊、居民区等分区清楚，其中宫殿区有三组台基，或分别是宗庙、寝宫、朝堂。

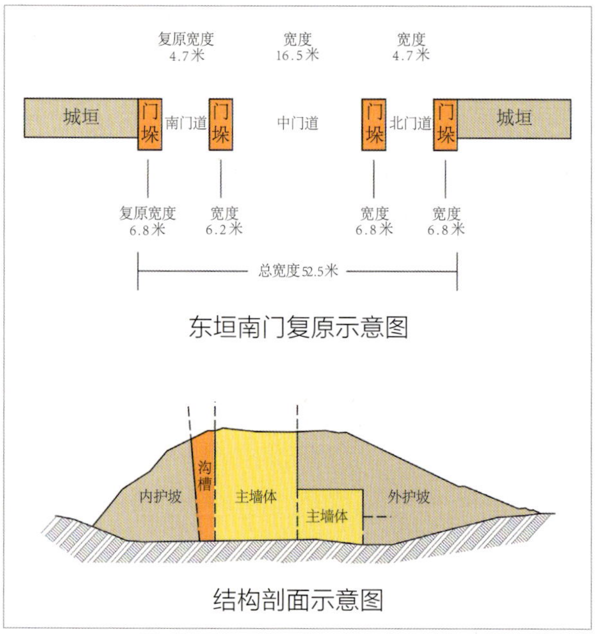

△ 纪南城城址东垣南门复原、解剖示意图

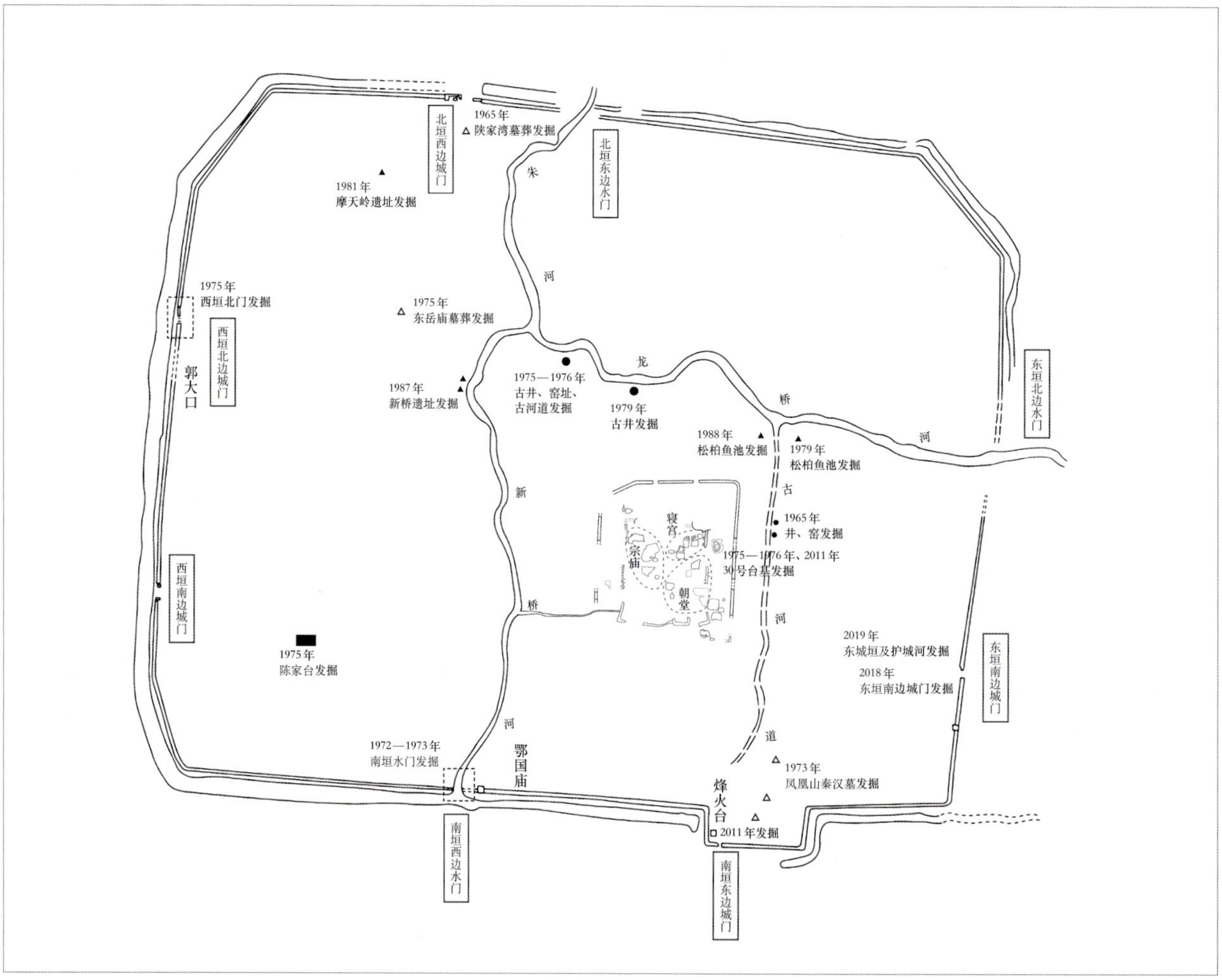

△ 纪南城城址平面示意图

△ 纪南城遗址纪 B 河 I 第③层出土战国时期陶器

△ 纪南城遗址纪 B 河 II 第①层出土战国时期陶器

别都

战国中期以前，楚国都城不断变化，楚王迁居后原来的都城可能成为别都。目前可确定的别都遗存有楚皇城城址、龙湾遗址。

龙湾遗址

龙湾遗址位于潜江市西南约30公里的龙湾村。本遗址先后发现10余处土台。1987～2001年三次发掘放鹰台一号基址，发掘面积3500平方米，揭露建筑基址为三层高台建筑。第一层夯土台基分布有东侧门、贝壳路、内外长廊、南侧大台阶、门庭、广场、西墙及内曲廊、西侧门、天井、回廊、水池和排水管道等；第二层位于高台西侧，有北墙及北侧门、西墙和南墙；第三层位于一、二层台东侧，结构复杂。该基址总面积1.3万平方米，规模宏大，结构复杂。据出土遗物分析，其建于春秋晚期，废弃于战国中期。有专家认为该遗址为楚国的一处都城，或为章华台遗址。

△ 龙湾遗址放鹰台Ⅰ号基址

楚皇城城址

楚皇城城址位于宜城市郑集镇皇城村。城址由外城和内城组成。内城位于外城东北部，外城呈不规则长方形，南北长1840、东西宽1720米，面积2.2平方公里，有城门6座，其中水门1座。城址内探出建筑台基21座，古河道1条，以及众多灰坑、水井、制陶作坊等遗迹。解剖东城垣确认其筑成时代上限为战国早期，并延续到汉代。一般认为该城址为楚国陪都鄢郢。周边分布有密集的楚文化遗址、墓地。

△ 楚皇城遗址出土战国时期陶器标本

△ 宜城桐树园遗址战国时期 H2 出土陶器组合

县邑（封邑）

楚国是两周时期最早设县进行行政管理的诸侯国。自楚武王克权国设县开始，楚国先后设县30余个。同时，不晚于春秋晚期，楚国实施封君制度，一些封邑或依托县邑，或独立设邑。考古发现的县城或封邑，有的因袭被灭国都城，规模相对较大，如邓县县城（邓城城址）、申县县城（宛城城址）等；有的为新设，如安陆县（云梦楚王城城址）、鄂邑（鄂君封邑，西鄂县故城或鄂王城）等。

邓城城址

邓城城址位于襄阳市高新区团山镇邓城村，面积约84万平方米。平面呈长方形，有城垣、城门、护城河。东、西、南、北垣分别长766、713、896、858米，墙体宽20米左右，残高2～5米。城址未发掘，始建年代不详，但从城墙暴露的遗物看，其使用年代至少从春秋时期一直延续到南北朝时期。邓国被灭后该城址为楚邓县县城，城外分布有20余处楚文化遗存。数量众多、延续时间长的各类楚文化遗存，说明当时的邓县是楚国的一个大县，这与楚国北上争霸重点经营有关。

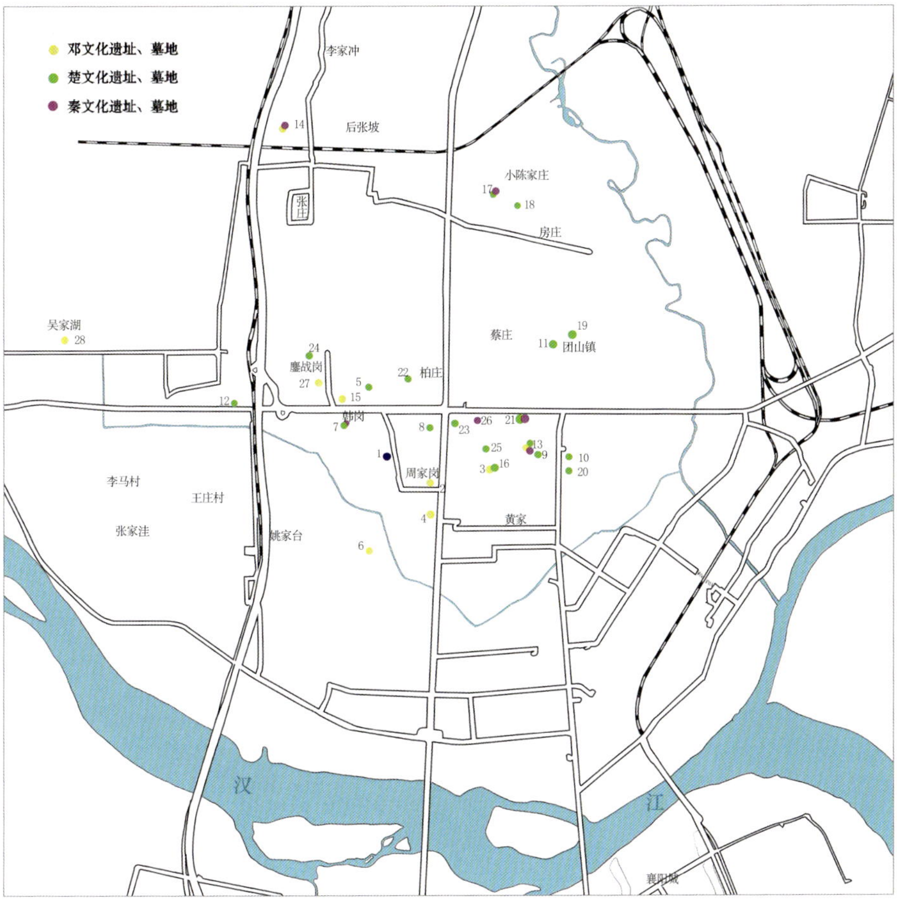

△ 邓城城址外围邓、楚、秦文化遗存分布示意图

1. 邓城城址　2. 周家岗遗址
3. 黄家村遗址　4. 王家巷遗址
5. 南岗遗址　6. 吴家坡遗址
7. 韩岗遗址　8. 卞营遗址
9. 余岗遗址　10. 彭岗遗址
11. 团山窑址　12. 张营遗址
13. 沈岗墓地　14. 王坡墓地
15. 韩岗墓地　16. 黄家村墓地
17. 蔡坡墓地　18. 山湾墓地
19. 团山墓地　20. 彭岗墓地
21. 余岗墓地　22. 贾庄墓地
23. 卞营墓地　24. 鏖战岗墓地
25. 枣园墓地　26. 岭子墓地
27. 惠博通墓地　28. 吴家湖遗址

△ 邓城城址全貌

△ 陈坡遗址出土春秋时期陶器

△ 彭岗遗址出土战国时期陶器

军事堡垒

出于战争或战略资源管理需要，楚国在境内设置多个军事堡垒性质的城邑，这些城邑规模相对较小。就军事而言，最著名的即“方城”，还有大隧、直辕、冥阨、捍关等关隘，以及草店坊城址、作京城城址等；就战略资源而言，发现有五里界、鄂王城遗址等。

矿冶遗存

鄂东南、赣西北、皖西南的铜铁金属矿是先秦时期最为重要的金属矿藏之一，这些地区也成为早期金属冶炼遗存的重要发现地。经调查，鄂东南地区发现的矿冶遗存达数十处，时代自商代至汉代，铜绿山古铜矿遗址为重要代表。同时，在鄂中的大洪山区域也发现了铜铁矿。铜、铁资源作为当时重要的战略资源成为各诸侯国争相攫取的对象，楚国对南方铜铁矿的占有及其冶铸技术的提高也成为楚国强盛的物质基础。

△ 铜绿山遗址四方塘墓地全景

铜绿山遗址

铜绿山古铜矿遗址位于湖北大冶，面积约2平方公里。1973至1984年，经多次调查、发掘，发现古代矿井包括竖井、平巷、盲井和斜巷。遗址的开采年代早到商代，晚到战国至西汉。遗址显示当时的矿井、巷道支护、排水、通风、照明、矿石提升和找矿、选矿、冶炼等技术堪称完备。在11号矿体曾清理出春秋时代炼铜竖炉8座，炉周围发现工棚遗迹和碎矿用的工具等。在我国目前已发现的矿冶遗址中，铜绿山遗址采、选、冶兼备，保存最好、规模最大、使用时间最长、内涵最丰富，代表了中国先秦时期最高的采冶水平。

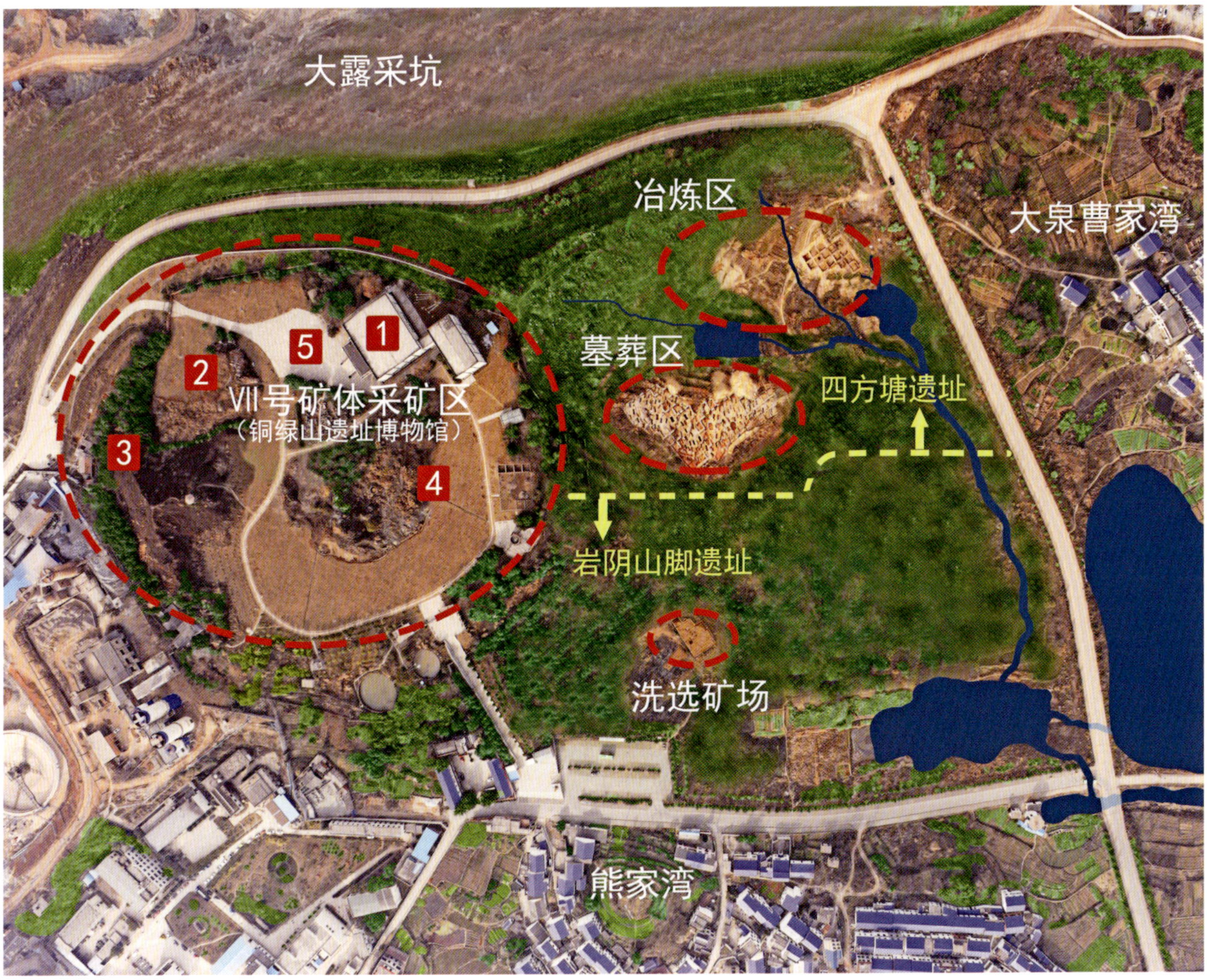

△ 铜绿山遗址VII号矿体及周边遗迹

△ 铜绿山遗址四方塘墓地出土器物

△ 铜绿山遗址出土矿石矿渣

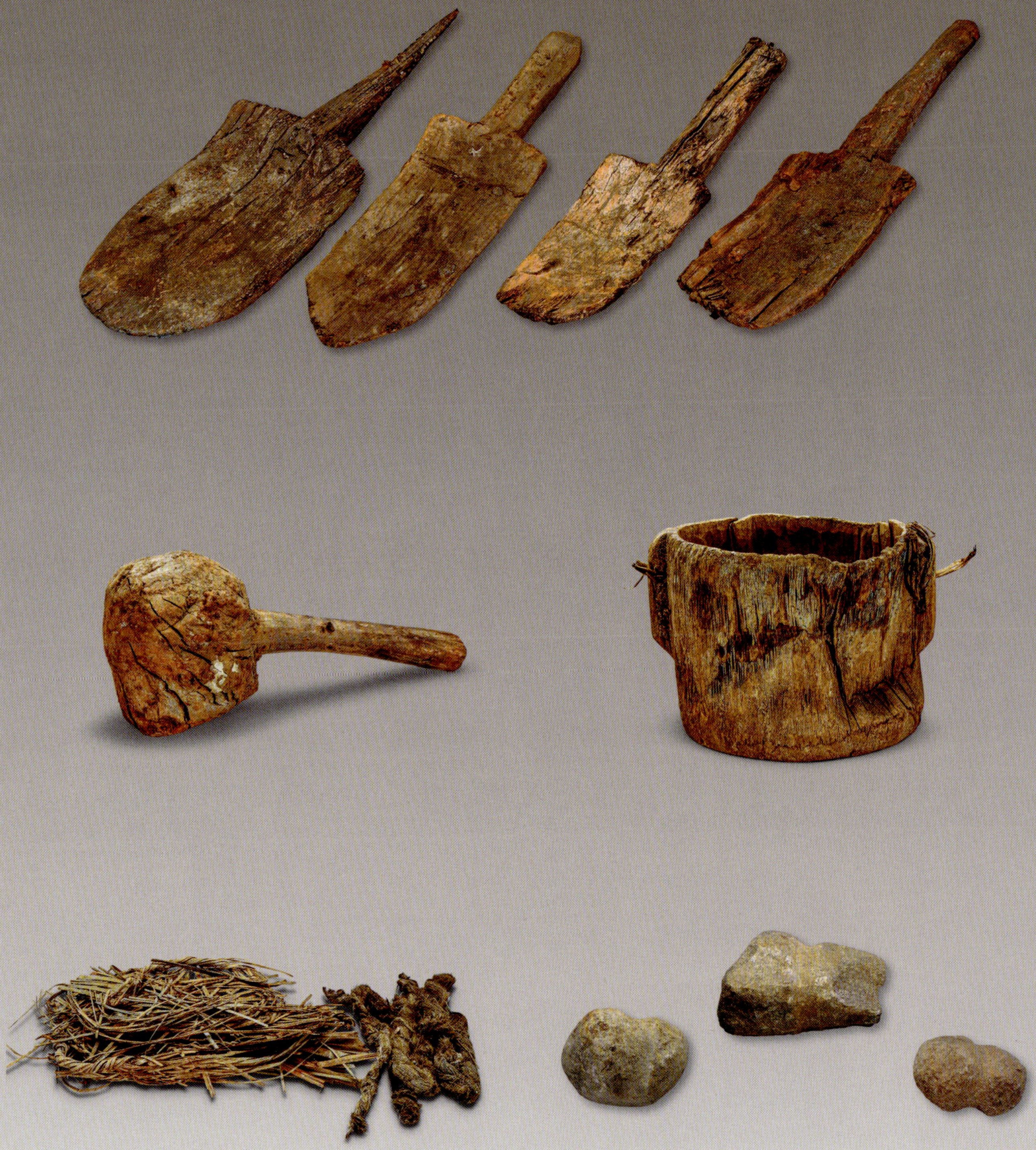

△ 铜绿山遗址出土遗物

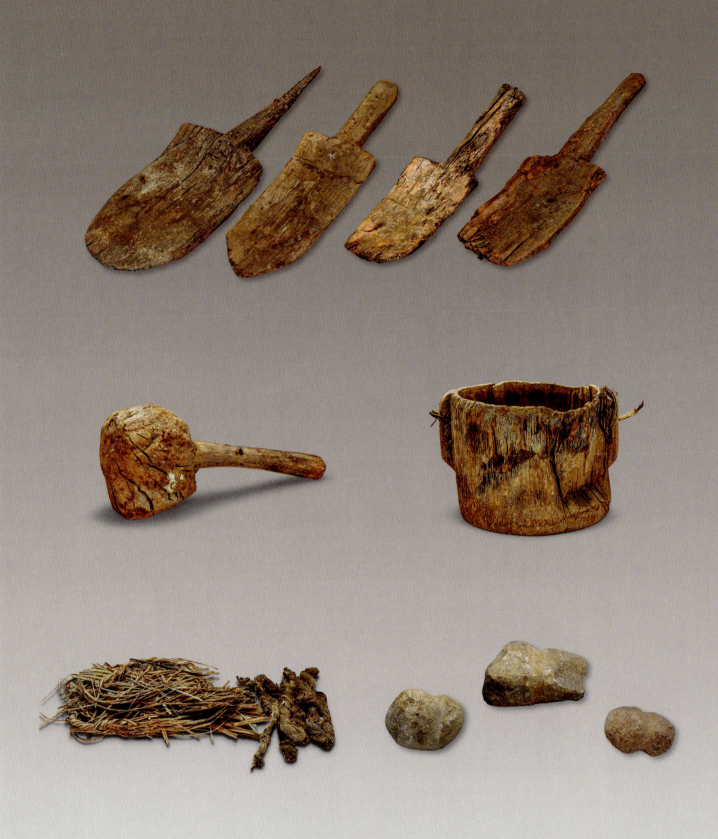

苏家垄遗址

苏家垄遗址位于荆门市京山县坪坝镇罗兴村，坐落于漳水北岸、两条支流交汇的二级阶地上，是集居址、墓葬及冶炼为一体的综合性大遗址。分布面积约190万平方米。由苏家垄墓区、石家垄墓区、方家垄墓区、罗兴遗址点、罗垄遗址点及古河道或环壕组成。2018年主要对罗兴居住、矿冶遗址点进行发掘，地层堆积较薄，文化层仅一层；清理灰坑7座，出土器物主要有罐、鬲、豆、缸、纺轮等陶器和大量矿渣、炼渣、炉壁等，表明这里是一处矿冶遗址，时代为春秋早期至战国中期。经研究，苏家垄遗址所用的矿石主要来自北面约10公里的大洪山南麓，如安陆涂家垮矿点等。

△ 苏家垄遗址出土炉壁和炼渣

◎楚国墓葬

楚国墓葬的发现始于20世纪30年代安徽寿县李三孤堆青铜器群的被盗。20世纪50年代，长沙又发现大量楚墓，而到60年代以后，湖北成为楚墓发现和发掘的主要地区。截至目前，湖北地区已发现楚墓地上千处，特别是在楚国重要城址附近形成了多个相对集中的墓区，发掘各类楚墓数万座，出土了大量典型器物。墓葬时代集中在春秋战国时期，可以确定的西周墓葬极少。

湖北地区发现的重要战国楚墓表

墓葬级别	名称	位置	形制	葬具	随葬器物	墓主	时代	附属遗存
楚王	熊家冢主冢	荆州市荆州区川店镇西北	勘探为“甲”字形竖穴土坑墓，墓口边长约67米	未发掘，不明	主冢未发掘，殉葬墓随葬大量玉器及陶、铜器等	惠、简、声、悼、肃王之一	战国早中期	有陪葬冢、车马坑、殉葬墓和祭祀坑
封君	天星观M1	荆州市沙市区观音垱镇天星观村	“甲”字形竖穴土坑墓，复原墓口长41.2、宽37.2米。15级台阶	一椁三棺，椁分七室	铜、陶、漆木、玉器和竹简等2440余件（被盗）	邸阳君番勳	公元前340年左右	
上大夫	天星观M2		“甲”字形竖穴土坑墓，残存墓口长9.1、宽8米	两椁两棺，椁分五室	铜、陶、漆木、玉器等1400余件（被盗）	邸阳君番勳夫人	公元前340年左右	
	包山M2	沙洋县十里铺镇王场村	“甲”字形竖穴土坑墓，墓口长34.4、宽31.9米。14级台阶。有腰坑	两椁三棺，椁分五室	铜、陶、漆木、玉器和竹简等1935件（套）	左尹昭𬀩	公元前316年	
	九连墩M1	枣阳市吴店镇东赵湖村	“甲”字形竖穴土坑墓，墓口长38.1、宽34.8米。14级台阶	两椁两棺，椁分五室	各类器物近5000件（套）	不明	公元前300年左右	衬葬车马坑
	九连墩M2		“甲”字形竖穴土坑墓，墓口长34.7、南北宽32米。14级台阶。有腰坑	两椁两棺，椁分五室	各类器物2000余件（套）	不明	公元前300年左右	衬葬车马坑
	望山桥M1	荆州市荆州区川店镇望山村	“甲”字形竖穴土坑墓，墓口长34、宽32米。13级台阶。有腰坑	两椁两棺，椁分五室	铜、漆木、陶、铁、骨角、玉石器等781件（套）（被盗）	中厩尹	楚宣王晚期	衬葬车马坑、祭祀坑

续表

墓葬级别	名称	位置	形制	葬具	随葬器物	墓主	时代	附属遗存
上大夫	严仓M1	沙洋县后岗镇松林村	“甲”字形竖穴土坑墓，墓口长34、宽32米。15级台阶	一椁三棺，椁分五室	铜兵器、工具，银车马器，竹笥、玉片，竹简等（被盗）	大司马悼滑	约公元前310~前298年	祔葬车马坑
下大夫	望山M1	荆州市荆州区川店镇藤店村	“甲”字形竖穴土坑墓，墓口长16.1、宽13.5米。五级台阶	一椁两棺，椁分三室	铜、陶、漆、木、竹、铁、玉器和竹简等783件（套）	楚悼王后裔悼固	楚威王或楚怀王前期	
	陈坡M10	襄阳市东津开发区陈坡村北	“甲”字形竖穴土坑墓，墓口长20.2、宽18.2米。七级台阶	一椁两棺，椁分三室	铜、陶、玉器1522件（套）	不明	战国中期晚段	
	安岗M1	老河口市仙人渡镇安岗村西	“甲”字形竖穴土坑墓，墓口残长6、宽4.75米。台阶不明	一椁两棺，椁分四室	铜、陶、漆、木、竹、玉器和竹简1231件（套）	不明	战国中期	
上士	郭店M1	沙洋县纪山镇郭店村	长方形竖穴土坑墓，墓口长6米，宽4.6米	一椁一棺，椁分三室	铜、陶、漆木、竹、铁、玉、骨器和竹简等类器物千余件	不明	战国中期	

楚王墓

楚王墓无疑是楚墓中级别最高的墓葬。文献记载的楚王从"自号为王"的熊通算起，到楚国灭亡有20余位，其都城能与考古发现相对应的仅有战国中期以后的几座，而能确认的楚王墓葬也仅有战国时期的少数几座。除战国晚期的安徽李三孤堆墓为楚幽王墓、河南淮阳马鞍冢可能为楚顷襄王墓外，目前在季家湖、纪南城城址外围勘探发现的熊家冢、冯家冢、谢家冢具有王墓的规模，其中熊家冢经过部分发掘基本可以证实是楚王级别墓葬。

熊家冢楚墓

熊家冢楚墓位于荆州市川店镇西北部，东南距纪南城26公里。由主冢、陪葬冢、车马坑、殉葬墓和祭祀坑等组成。陵区面积8万余平方米。主冢有封土，勘探墓口边长67、深21米左右，椁室面积248平方米。其北侧陪冢墓口长36、宽30米左右。在主墓南、陪冢北分别排列着逾百座规划整齐、大小相当的殉葬墓，均为长方形土坑竖穴式小型墓。祔葬主车马坑南北长132.6、东西宽约12米，并与30余座大小不一的小车马坑，形成完整的出行车阵。殉葬墓出土了大量玉器和铜、陶器等。熊家冢墓年代大约在战国早中期。主冢墓主可能是楚惠王、楚简王、楚声王、楚悼王、楚肃王中的一位楚王。

△ 熊家冢墓地全景

封君墓

封君制度是楚国的重要政治制度，自春秋中晚期开始实施，贯穿整个战国时期。传世文献和曾侯乙墓竹简、包山二号墓竹简等均有记载。楚国封君数量估计超过百个，分布于楚国境内的各个区域，如鄂君、黄君、析君、鲁阳君、春申君、阴侯等等，一般为楚王室成员。考古发掘明确的封君墓有河南新蔡的平夜君墓、湖北荆州的邸阳君墓等，发现的重要封君文物有鄂君启节、盛君萦簠等。

天星观1号墓

天星观1号墓位于荆州市沙市区观音垱镇天星观村的长湖之滨，因湖水的不断冲刷而于1978年清理发掘。墓口南北残长30.4、东西残宽33.2米（原墓口长41.2、宽37.2米）；15级台阶，方向朝南，185°。葬具为一椁三棺，椁室7个，其中6个战国晚期被盗。残存随葬器物2440多件。墓主人为楚国邸阳君番勅。该墓出土竹简中有“秦客公孙鞅”等内容，公孙鞅公元前340年被秦封于商，因而改称商鞅。由此推测，墓葬时代当在公元前340年前后。

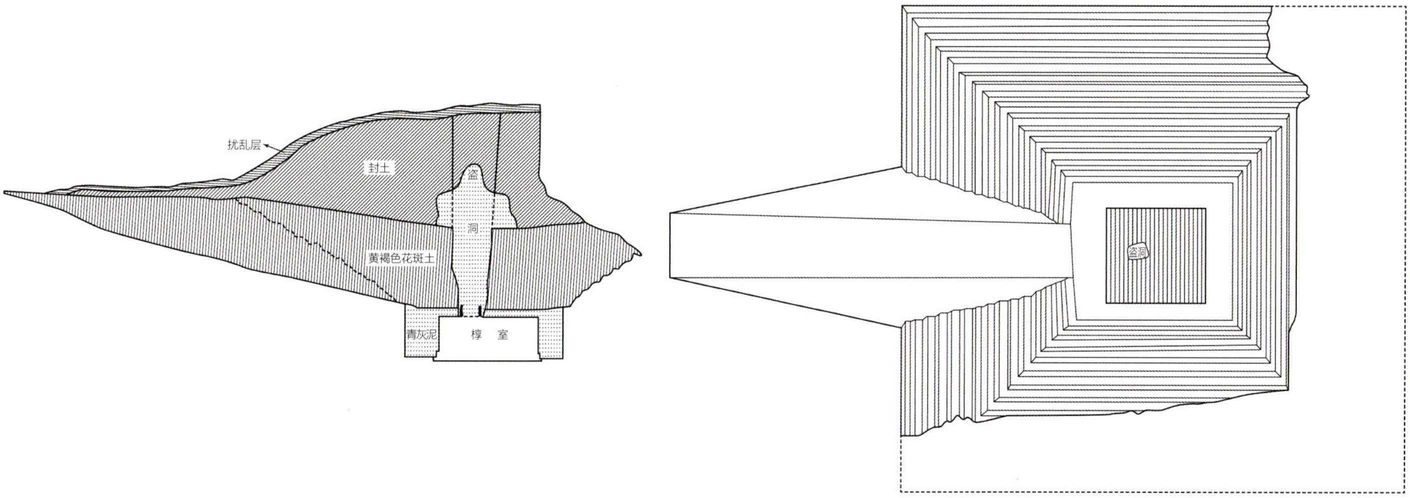

△ 天星观 M1（邸阳君墓）平、剖面图

上大夫墓

西周实行宗法制，以血缘为纽带，制礼“明尊卑，别上下”，按照等级划分为天子、诸侯、卿、大夫、士、庶人等阶层，卿即上大夫，而士又分为上士、中士、下士。一般而言，卿（上大夫）及以上为高级贵族，大夫（下大夫）、上士为中级贵族，中、下士为低级贵族，其宫室、车旗、礼仪等均有相应规定。上大夫等级的贵族一般是楚国中央政权的高级官吏，有的地方长官也在此列。

九连墩楚墓

九连墩墓地位于枣阳市吴店镇东赵湖村至兴隆镇乌金村一条长约3公里、南北走向的岗地上，因有九座封土堆而得名。2002年发掘了最南边的一号墩，清理出两座墓葬和两座祔葬车马坑，并清理出了陵园遗迹。一号墓墓口东西长38.1、南北宽34.8、深12.8米，二号墓墓口东西长34.7、南北宽32、深11.6米。方向均朝东，东设斜坡墓道，各有14级台阶，其上均有封土堆。葬具均为两椁两棺，椁分东、南、西、北、中五室。二号墓墓底有腰坑，葬羊一只。两墓随葬器物十分丰富，共7000余件，按照质地分为青铜、铅锡、金银、竹木、皮革、玉石、水晶、玛瑙、丝织、骨、匏等，按照功能分为祭器、乐器、燕器、兵器、车马器、工具、葬仪用品、殓饰物和动物骨骼、植物果实等。一号车马坑葬车33乘，南北双排横列，马72匹，其中六马车1乘，四马车3乘。二号车马坑葬车7乘，南北双排横列，马16匹，其中四马车1乘，其余均为二马车。经研究，两座墓为夫妇异穴合葬墓，其时代为战国中期偏晚，不晚于公元前278年。墓主人身份为上大夫，或为封君。这是目前所见布局最清晰和完整的一组楚墓。

△ 九连墩 M1、M2 及车马坑

下大夫、上士墓

下大夫和上士是楚国的中级贵族，是楚国官吏中承上启下的等级，也是贵族群体的中坚力量，宫室、车旗、礼仪等一般以“三”“二”数。考古发现的楚国下大夫、上士墓葬数量较多。

陈坡十号墓

陈坡十号墓位于襄阳市东津开发区陈坡村北。“甲”字形竖穴土坑墓。墓口东西长20.2、南北宽18.2、深9.05米。设七级台阶。葬具为一椁重棺，椁分为三室。人骨架无存。随葬各类器物1522件，出土了1件“大司马”铜鼎和1件“昭王之信”铜戈。该墓时代为战国中期晚段，墓主身份为下大夫，可能为楚昭王之后。

△ 陈坡 M10 墓圹

其他重要墓地

经发掘的楚墓地中，目前有部分墓地墓葬数量多，分布密集，延续时间较长，墓主人身份等级有高有低，是展示楚国葬制葬俗不可或缺的重要资料。这些墓地集中发现于楚国重要城址、遗址附近，如季家湖、纪南城、邓城、宛城、楚皇城、寿春城城址和龙城遗址等。

赵家湖墓地

赵家湖墓地位于当阳市河溶镇沮漳河东岸，周围分布有较为密集的遗址和墓地，并有不少高大的封土堆。1973至1978年先后发掘墓葬297座，均为土坑墓。根据墓葬规模及棺椁、随葬品情况分为甲、乙、丙、丁四类。墓地使用时间为西周晚期至战国晚期早段。该墓地很可能为季家湖城址及周边遗址外围的墓地。

△ 赵家湖墓地春秋早期 M2 出土陶器

◁赵家湖墓地春秋中期 M3 出土陶器

◁赵家湖墓地春秋中期 M4 出土器物

雨台山墓地

雨台山墓地位于荆州市荆州区纪南镇，靠近楚郢都纪南城东垣。1975年起进行多次发掘，墓葬多为中小型竖穴土坑墓，时代为春秋中期至战国晚期前段。雨台山墓地是一处较早发掘的楚国低级贵族与平民墓地，所留存楚墓资料颇为系统。

△ 雨台山张家大冢墓地战国中期 M2 出土铜器

△ 雨台山张家大冢战国中期 M2 出土器物

△ 雨台山墓地战国时期 86JYM6 随葬陶器组合

△ 雨台山墓地战国时期 86JYM13 随葬陶器组合

△ 雨台山墓地战国时期 86JYM28
随葬陶器组合

△ 雨台山墓地战国时期 86JYM1
随葬陶器组合

邓城外围楚墓地

邓城外围楚墓地位于襄阳市高新区团山镇邓城城址外围方圆5平方公里范围内。这里先后发现并发掘了山湾、蔡坡、团山、余岗、彭岗、沈岗、鏖战岗、卞营等楚墓地20余处，清理楚墓3000余座。墓葬均为长方形土坑竖穴墓，规模有大有小，有的设有壁龛、台阶、踏步、墓道等。葬具有单椁重棺、单椁并棺、单椁单棺和单棺几种，少量墓葬无葬具。绝大部分墓葬有随葬器物，出土有青铜器、漆木竹器、陶器、玉石玛瑙水晶器等，绝大多数器物具有典型的楚文化风格。其中不少墓地出土有铭青铜器，如邓公乘鼎、邓尹疾鼎、郑庄公之孙鼎、子季嬴青簠、上都府簠、楚子敦、吴王夫差剑、徐王义楚元子羽剑、蔡公子加戈等等。墓地时代为春秋中期至战国中期，属于邓城及其周边遗址的附属墓地。墓葬主人的身份高低不一，最高者为邓县县公，最低者为平民。

△ 邓城城址东沈岗墓地第三次发掘区全景

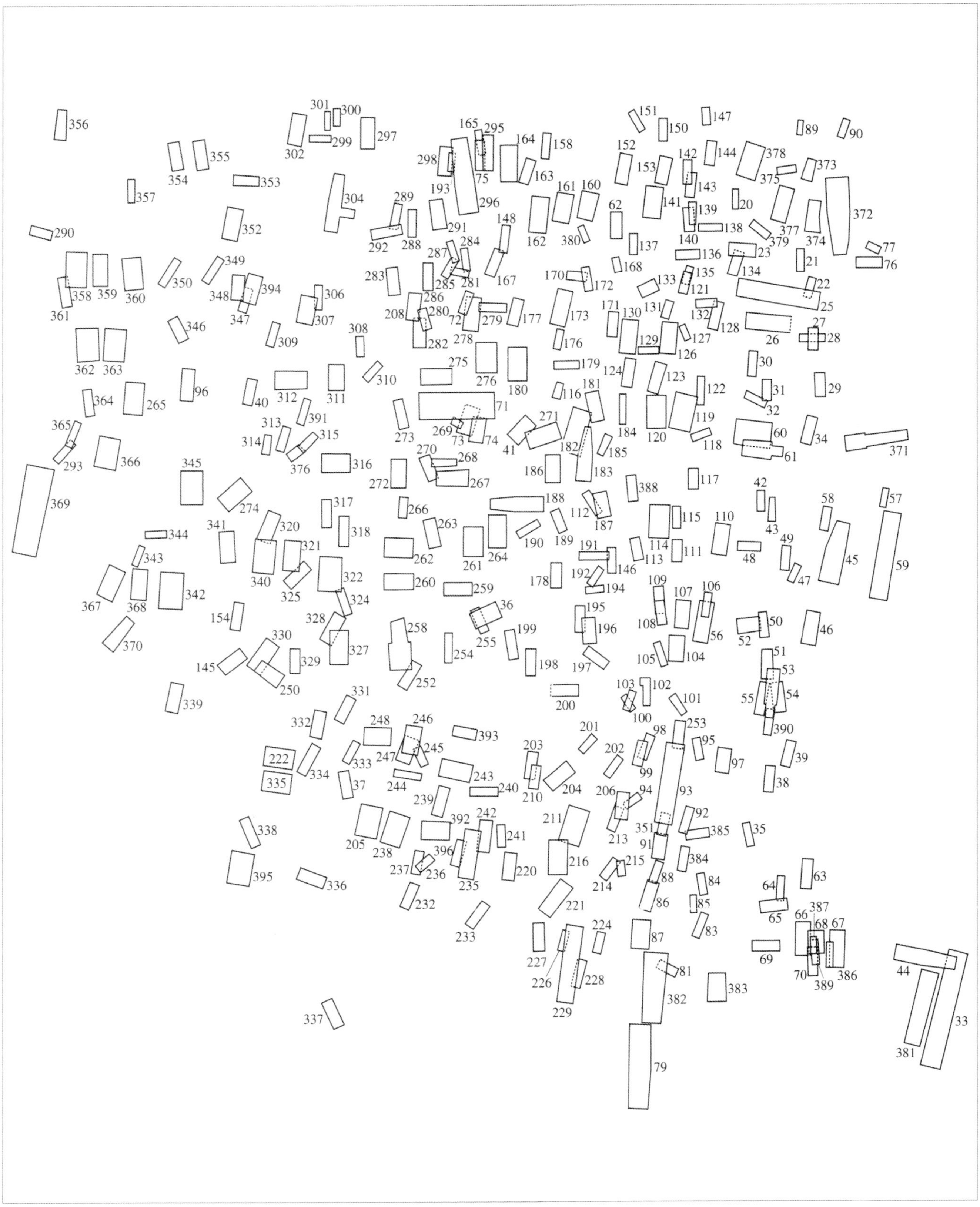

△ 卞营墓地 2012 年发掘 I 区墓葬分布示意图

❶

❷

△ 沈岗墓地随葬陶器组合

❶春秋中期 M1 ❷春秋晚期 M120 ❸战国早期 M83 ❹战国中期 M698 ❺战国晚期 M480

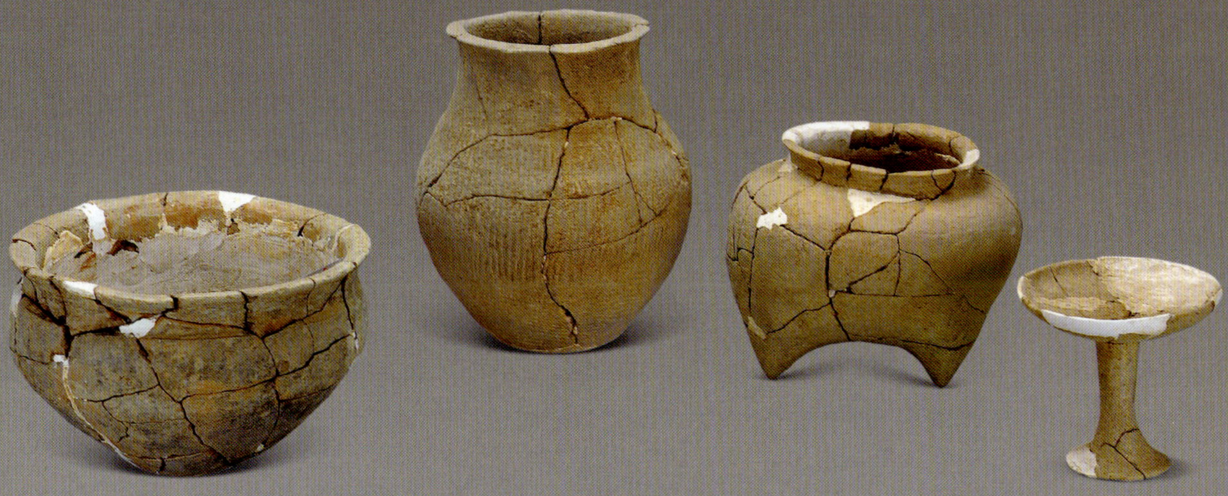

❸

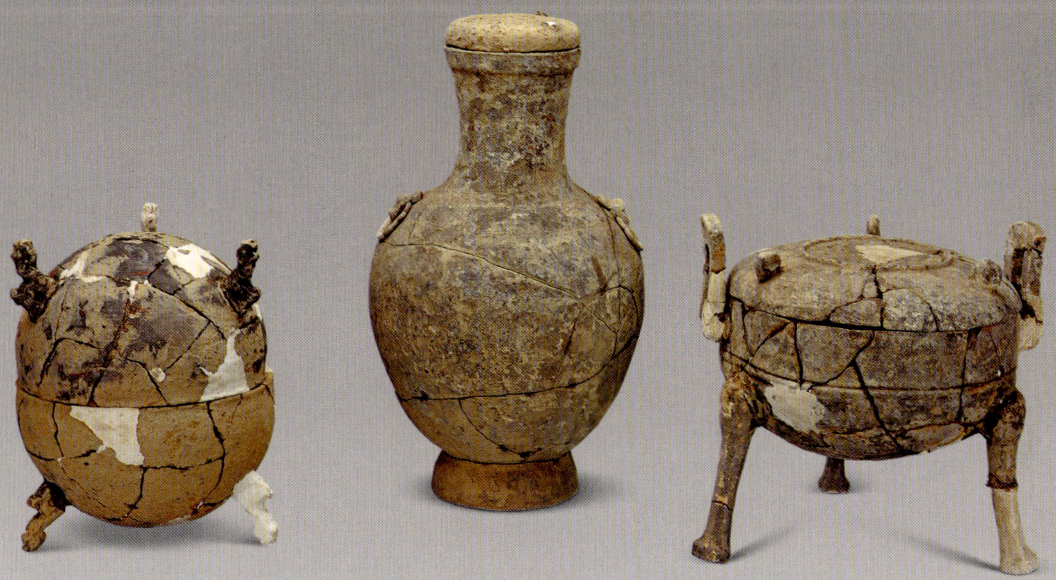

❹

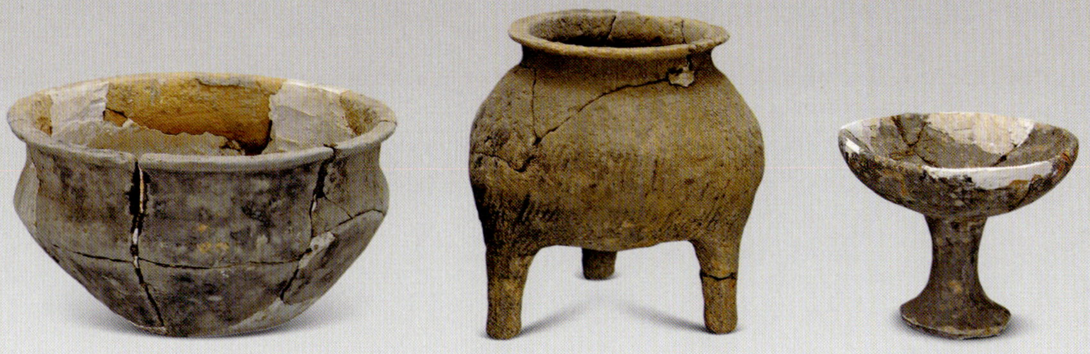

❺

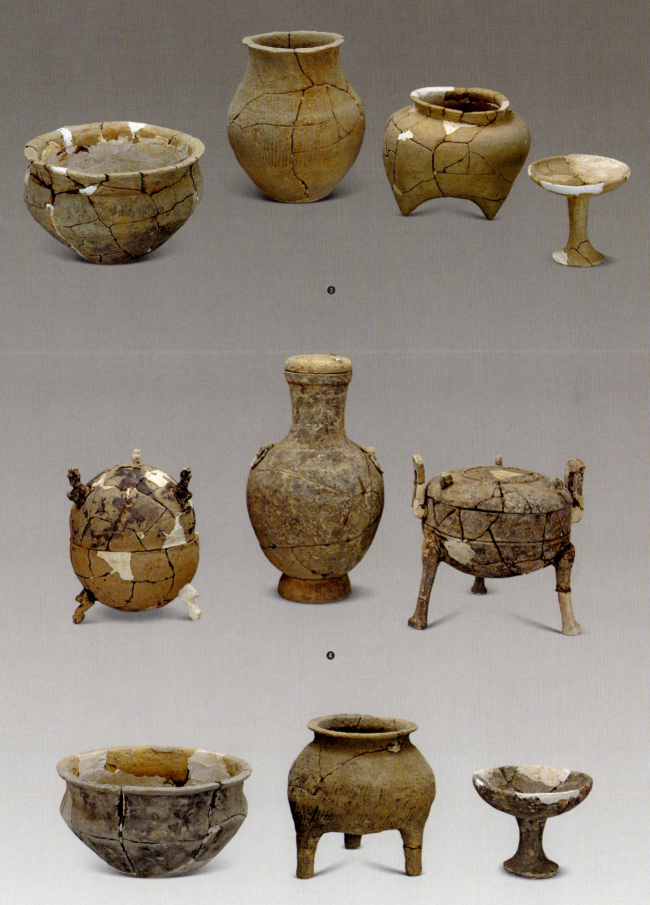

❶

❷

❸

❹

❺

△ 余岗墓地随葬陶器组合

❶春秋中期 M234 ❷春秋晚期 M224 ❸战国早期 M139 ❹战国中期 M128 ❺战国晚期 M638

△ 团山墓地战国早期 M21 随葬陶器组合

△ 麋战岗墓地战国中期 M206 随葬陶器组合

△ 楚皇城城址外围南漳川庙山墓地春秋中期 M18 随葬铜器组合

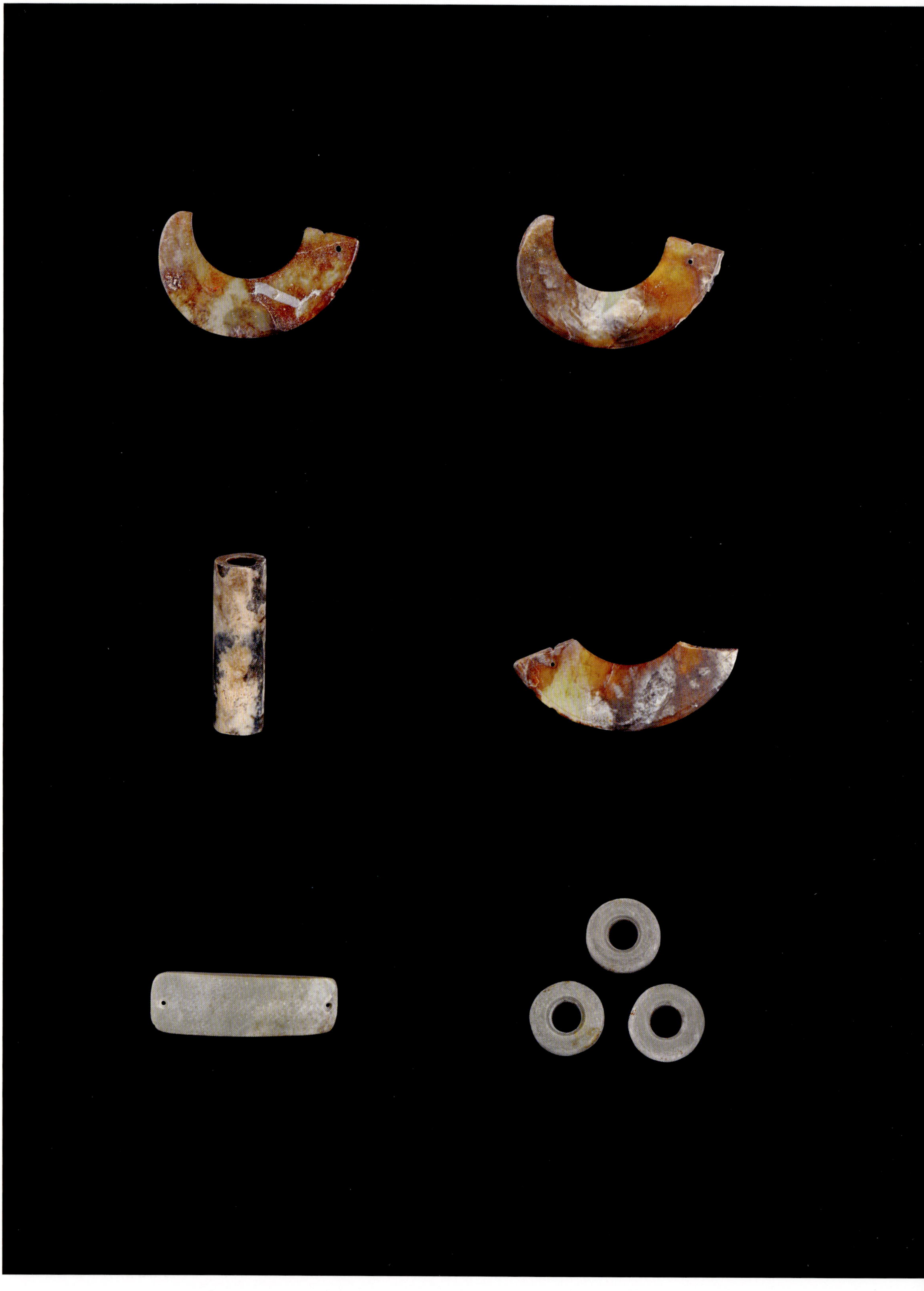

△ 楚皇城城址外围南漳川庙山墓地春秋中期 M18 随葬玉石器

△ 丹江口吉家院墓地战国时期 M4 随葬器物

城河遗址远景

伍·江汉入秦

公元前278年，秦将白起拔郢，标志着秦逐渐取代楚国在湖北的统治。公元前223年秦灭楚国后，湖北全境统一于秦。从此，湖北地区完全融入大一统的国家治理体系中。

第一单元

重要遗址

秦人在湖北地区的统治由鄂西向鄂东推进，主要以郡治和县治为中心，呈现出由中心向外围控制力量渐次减弱的趋势，即中心区的秦文化因素多而强，越往外楚或地方文化因素逐渐明显。秦拔郢后，以郢城为南郡郡治，其下及南阳郡（郡治南阳宛城）下属县县治多继承楚县而来。经考古发现的秦县及其治所有邓县之邓城、安陆县之云梦楚王城等。同时，在秦灭楚前，鄂东仍为楚国统治，考古发现的重要遗址有鄂王城城址、土城城址、孙郭胡城址等。

郢城城址

郢城城址位于荆州市荆州区郢城镇郢城村，总面积191.8万平方米。经多次勘探发掘，探明夯土城垣有北水门、东陆门和南水、陆门等4座城门。城外有护城河遗迹。城内发现水系、道路各三条，建筑夯土台基12座。文化层最深达2米以上，清理出较多的灰坑、灰沟和木桥，出土大量建筑材料、生活用器和生产工具。其修建年代为战国晚期，使用主体年代为汉代，东汉以后废弃。该城应为秦至西汉中期南郡郡治江陵县县城，城址周围分布着密集的秦汉文化遗存。

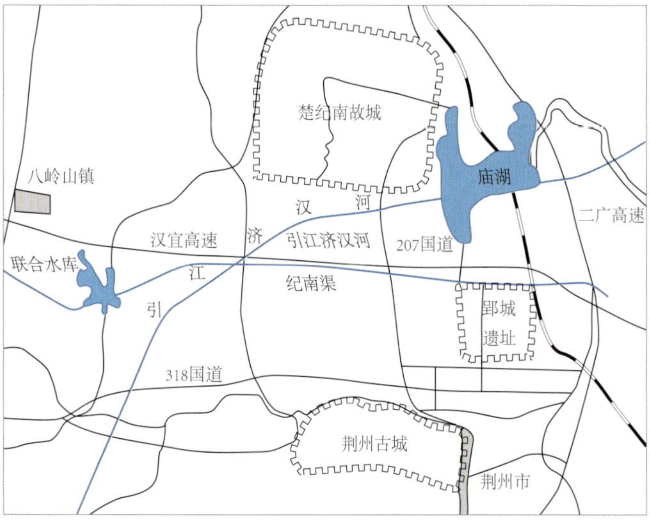

△ 郢城城址位置示意图

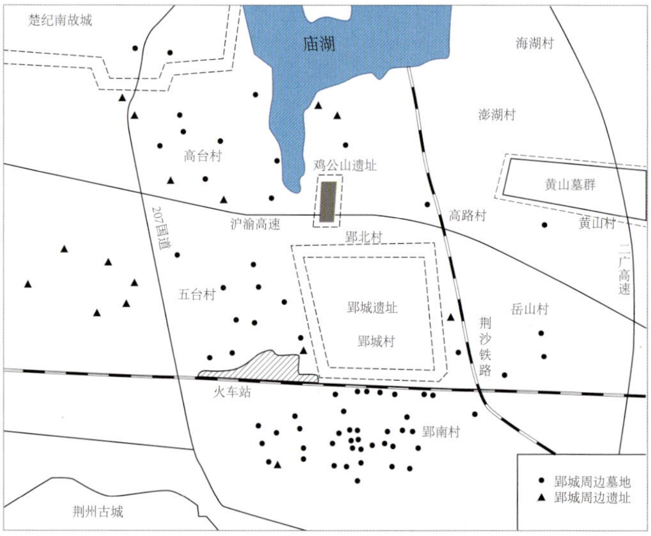

△ 郢城城址周边秦汉文化遗存分布示意图

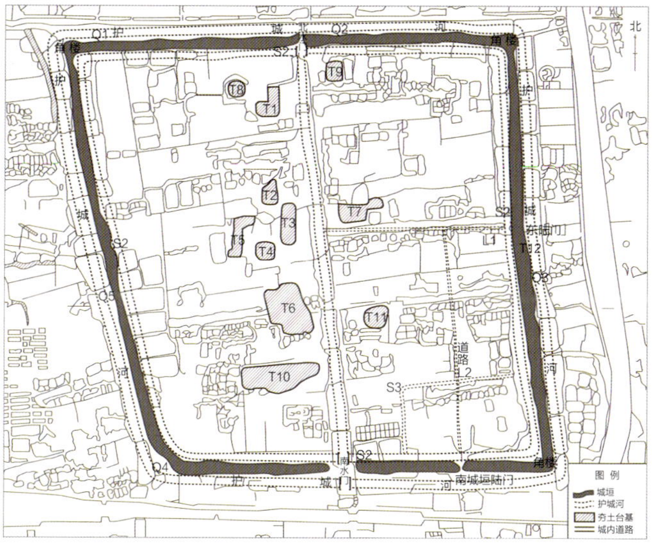

△ 郢城城址内遗迹分布示意图

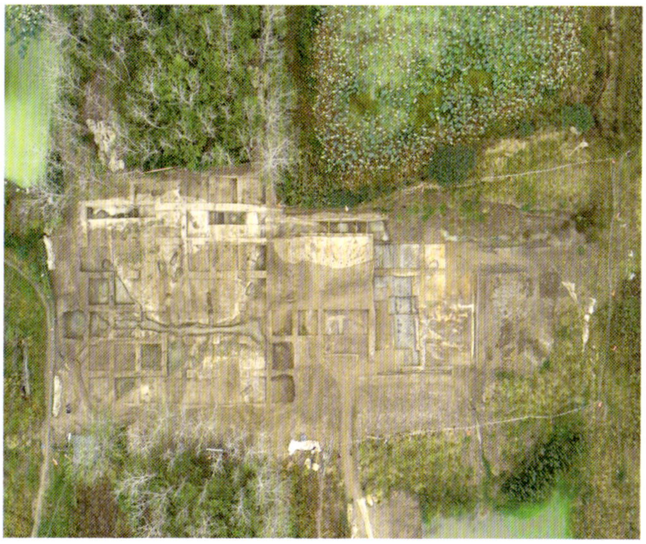

△ 郢城城址东门发掘情况

△ 郢城城址出土陶器

云梦楚王城城址

云梦楚王城城址位于云梦县城区，东西长约1.8、南北宽约1公里。城外有40余米宽的护城河环绕。东北角有一座烽火台。城墙为分层夯筑。城址始筑于战国中晚期，沿用至汉代，战国晚期至秦代为安陆县城。城址西侧睡虎地墓地出土的简牍等材料，揭示出秦人占领楚郢都后，云梦成为秦人与东迁楚人交战的前线。

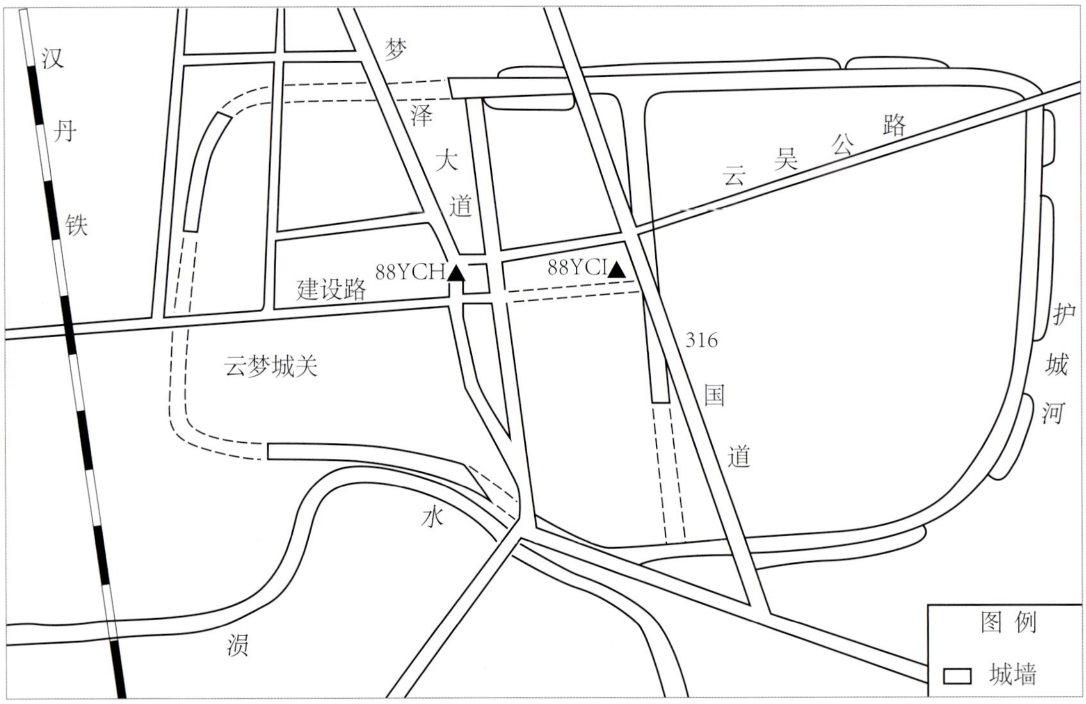

△ 云梦楚王城城址复原范围示意图

△ 云梦楚王城城址出土战国中晚期陶器

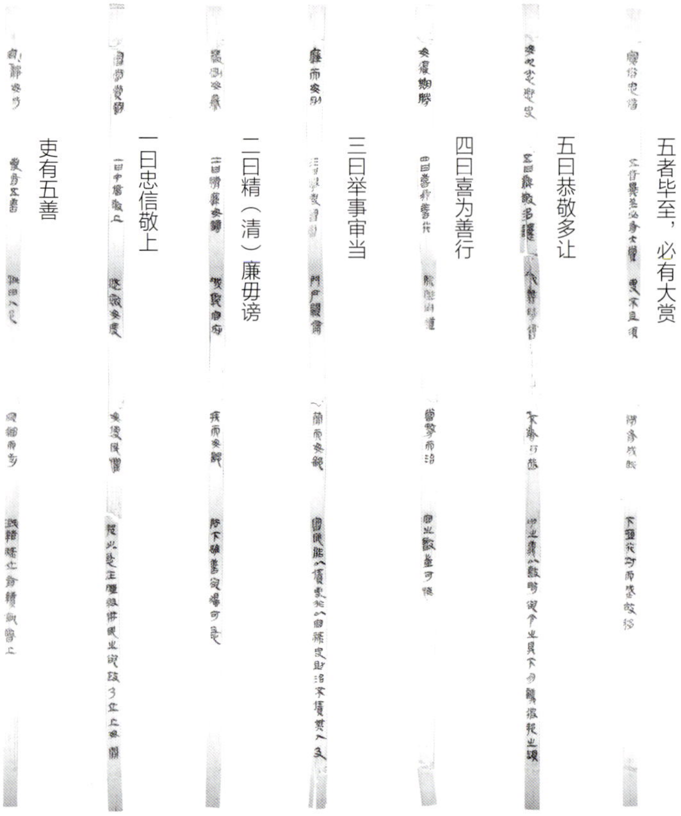

M11 出土秦简《为吏之道》

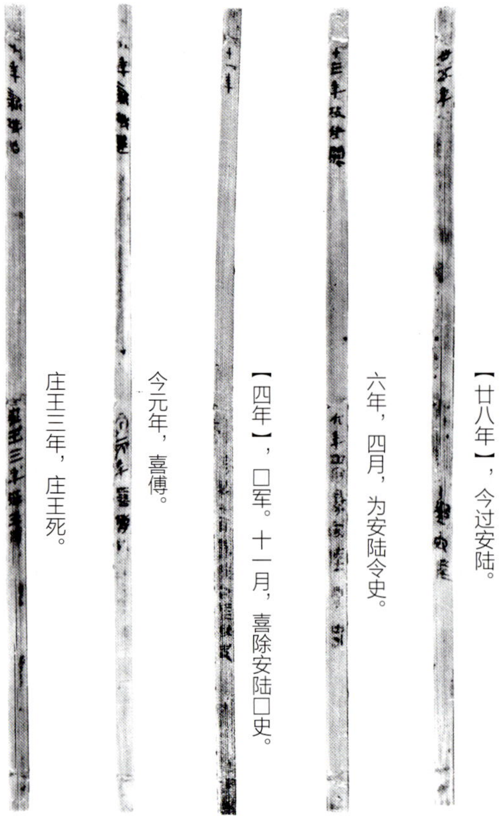

M11 出土秦简《编年记》
〔注：简文中的“今过安陆”，今指秦始皇帝。《史记·秦始皇本纪》记载的秦始皇二十八年第二次出巡，东行郡县，其归途正应经过安陆〕

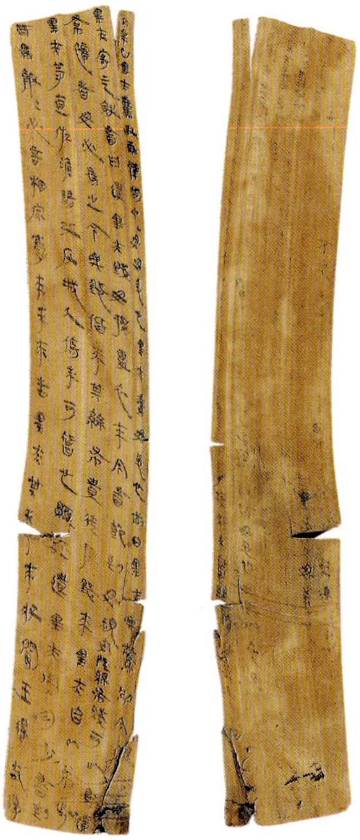

M4 出土 11 号木牍
〔该木牍写于秦始皇二十四年（公元前 223 年），是黑夫、惊的家信，为目前所知最早的书信实物〕

△ 睡虎地墓地出土秦简牍

△ 云梦楚王城城址出土战国时期陶器

土城城址

土城城址位于赤壁市新店镇土城村，俗名太平城，由大城和小城组成，时代为春秋晚期至战国晚期。其中大城为战国城址，夯土筑成，呈南北向长方形，城址面积约74.5万平方米，四面有城门缺口，城外有护城壕，城内东北、西北部分别探出建筑台基1座。城外发现三处战国墓地，发掘墓葬108座，其中107座为战国楚墓，墓主人身份存在一定等级差别。该城址是一座楚国的地方中心城邑。

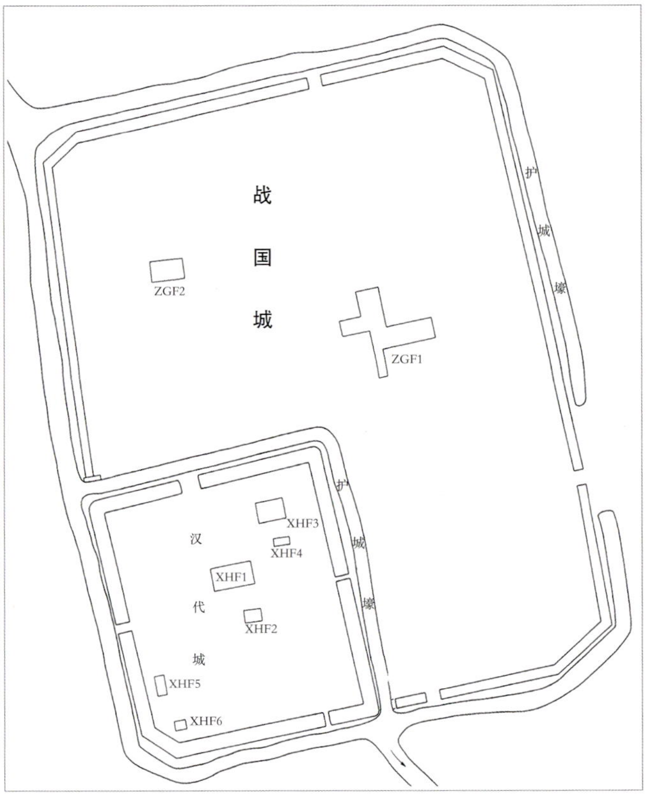

△ 上城城址及城内遗迹分布示意图

△ 土城城址西垣城门缺口与北垣中段战国夯窝

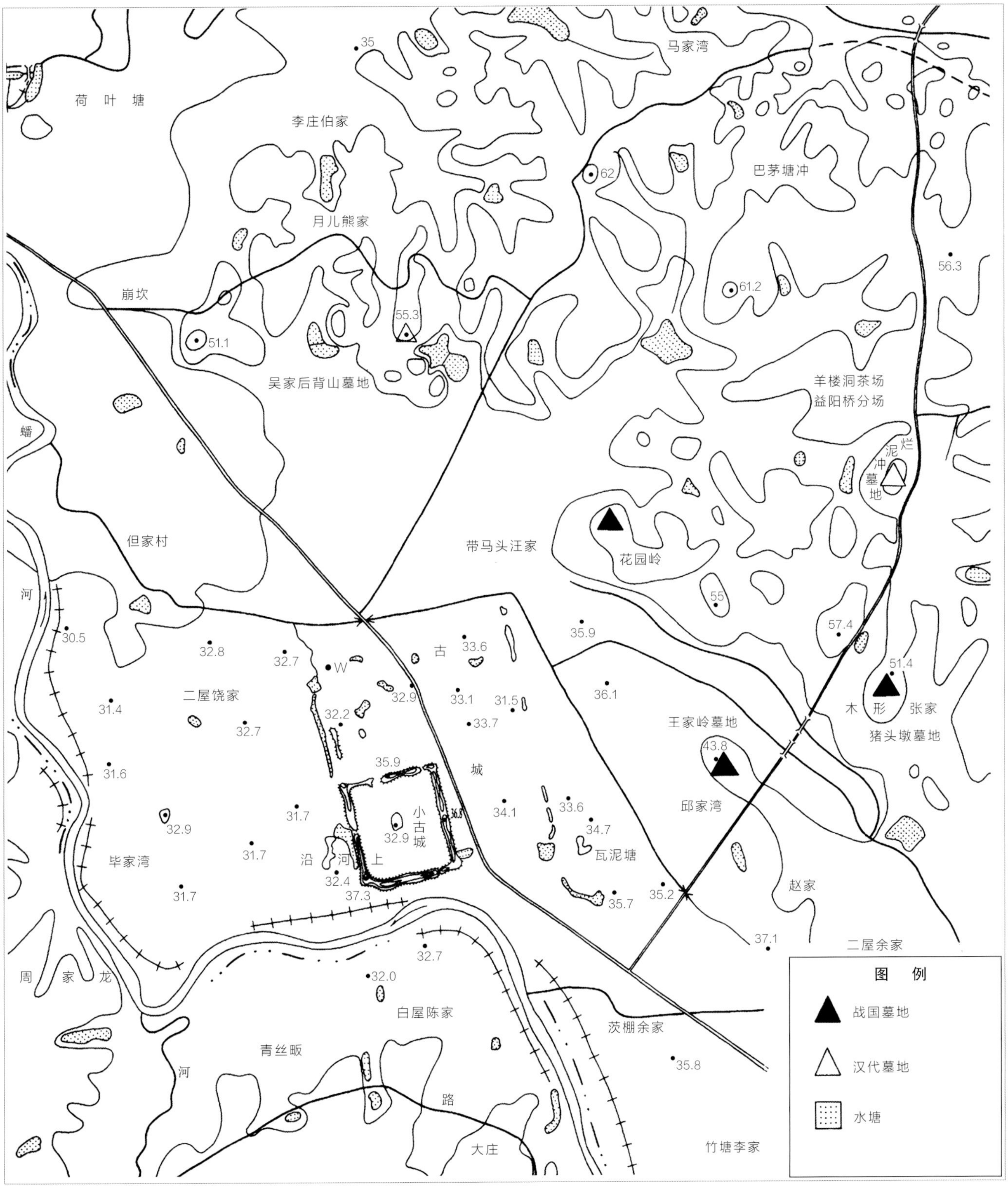

△ 土城城址与城外墓地分布示意图

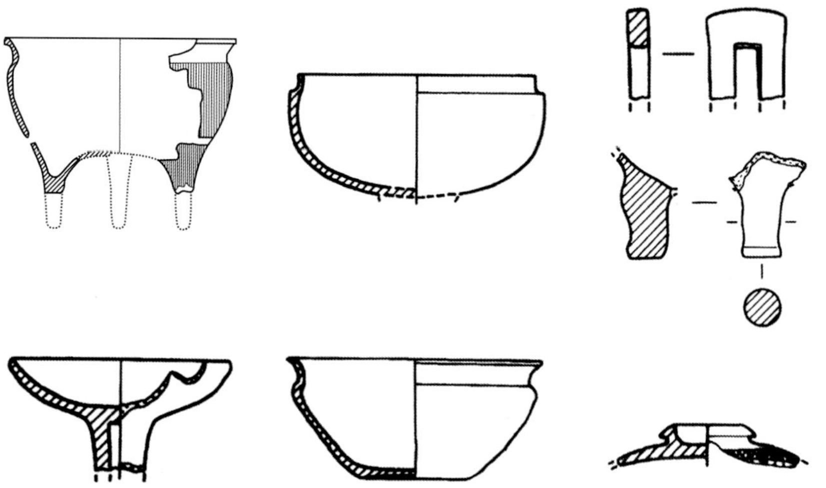

△ 土城城址内出土战国晚期陶器

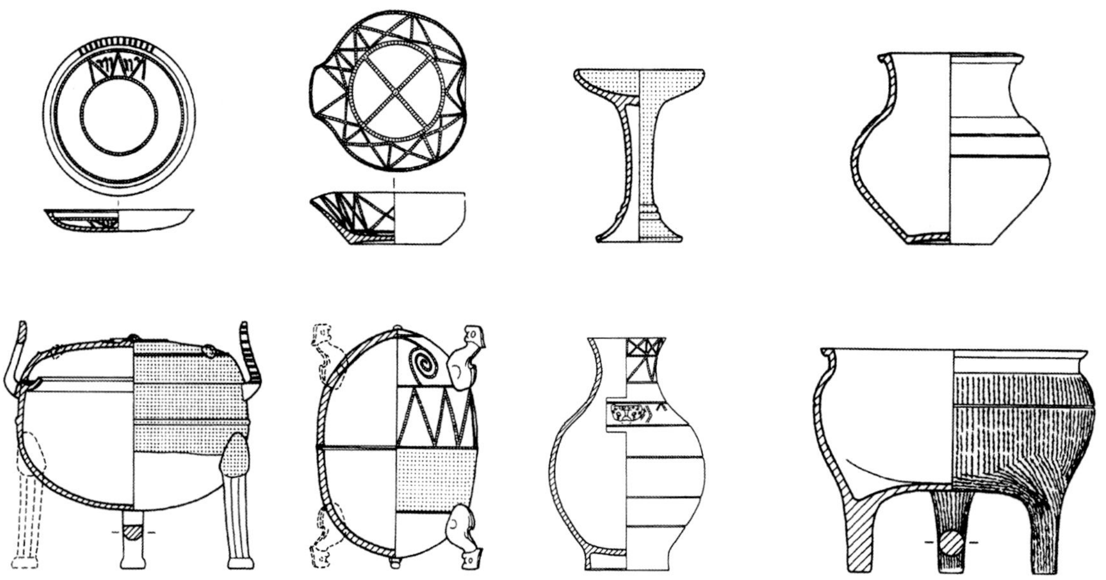

△ 土城城址外围墓葬出土陶器

△ 土城城址及外围墓地出土陶器

孙郭胡城址

孙郭胡城址位于咸宁市咸安城区西北约1.5公里处，南北长210、东西宽125米。南北城垣外各有一长方形人工堆筑高台。东西城垣各有一缺口，东城垣缺口位于城垣北部，西城垣缺口位于中部，应为城门遗迹。城垣四周有挖掘的护城壕。出土有铜箭镞、戈残片、残铁刀、石球等遗物。该城始建于战国中期偏早，废弃于战国晚期，应是楚国在此设立的一处军事据点。

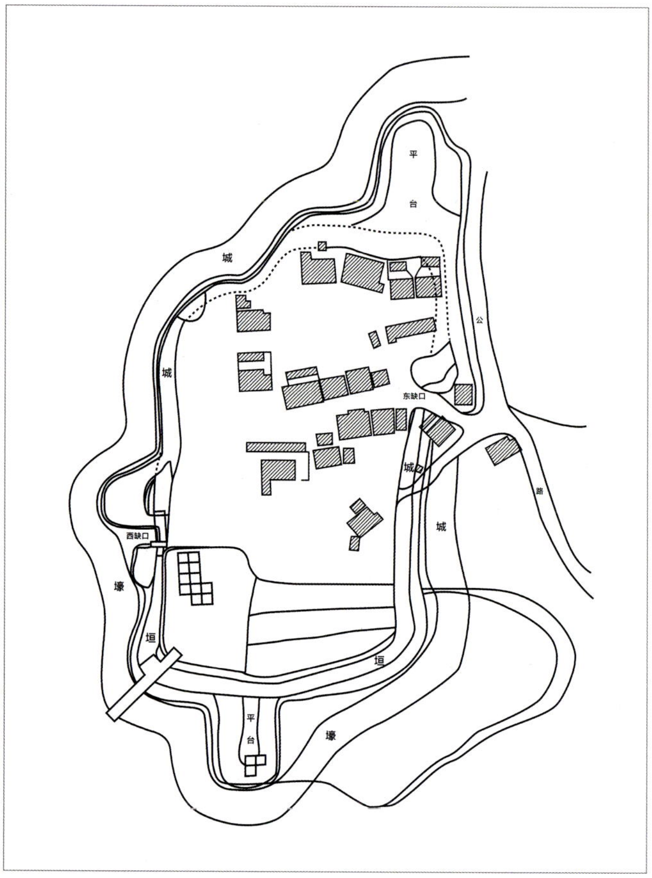

△ 孙郭胡城址平面示意图

△ 孙郭胡城址全景

△ 孙郭胡遗址出土陶片

△ 孙郭胡遗址出土器物

第二单元

秦 墓

秦墓主要发现于秦地方统治中心如郢城、楚皇城、云梦楚王城、邓城等城址外围不远处。多为长方形竖穴土坑墓，有少量洞室墓。墓葬方向以南向为主，也有少量西向、北向。葬具一般为单椁单棺或单棺，也有无葬具者。可辨葬式者大多为仰身直肢葬，有少量曲肢葬。随葬器物的风格明显分为两种，一是楚式风格的鼎、盒、壶等，一是秦式风格的鍪、釜、蒜头壶、扁壶、小口瓮等，以陶器为主，铜器较少，还有少量玉器和数量不等的漆器等。墓葬时代为公元前278年至秦汉之际。出土器物显示墓主分别为楚遗民、秦人，也有秦人所迁之中原诸国人。

郢城城址外围秦墓

郢城城址外围秦墓位于郢城城址周边3公里范围内。调查发现墓地9处，包括鸡公山、黄山、高台、凤凰山、岳山、唐家草场等墓地，部分墓地发现了少数秦墓。这些墓葬均为无墓道的中小型长方形竖穴土坑墓，出土随葬品以陶器为主，少数墓葬随葬铜、铁、漆木、玉器等，其中岳山M36还出土日书木牍。墓葬时代为战国晚期后段至秦末，墓主人为秦国的中下层官吏或平民。

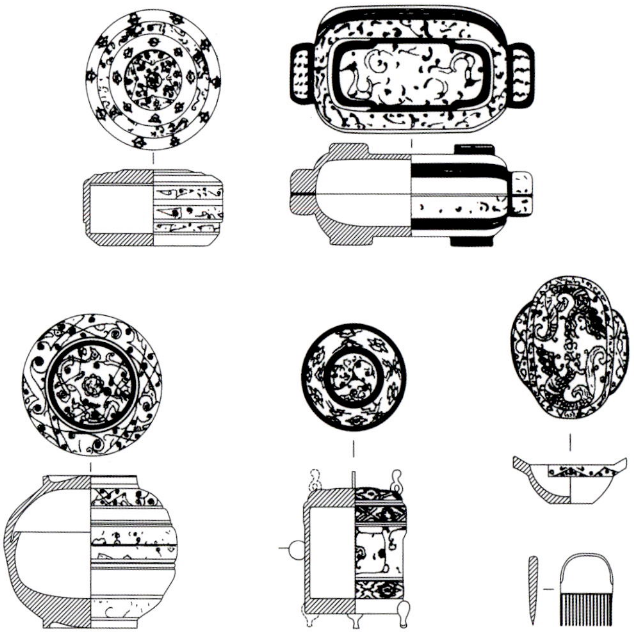

△ 岳山墓地秦墓出土漆木器

调查发现的郢城城址周边部分秦墓地统计表

墓地名称	位置	与城址地理关系	时代	面积（万平方米）
鸡公山	郢城镇郢北村	郢城北0.5公里	战国秦汉	2
黄山	纪南新区黄山、彭湖村	郢城东北3公里	战国秦汉	20
高台	纪南新区高台村	郢城西北3公里	秦汉	0.11
凤凰山	纪南新区纪城村	郢城东北3公里	秦汉	0.5
岳山	纪南新区岳山村	郢城南0.5公里	战国秦汉	0.2
严家台	郢城镇荆北村六组	郢城西南1公里	秦	0.98
刘家台与夏家台	郢城镇荆北村九组	郢城南1.5公里	战国、汉	5.3
黄甲古刹	纪南新区岳山村五组	郢城东北1公里	秦、汉	3
唐家草场	纪南新区高路村四组	郢城东北0.5公里	秦、汉	5

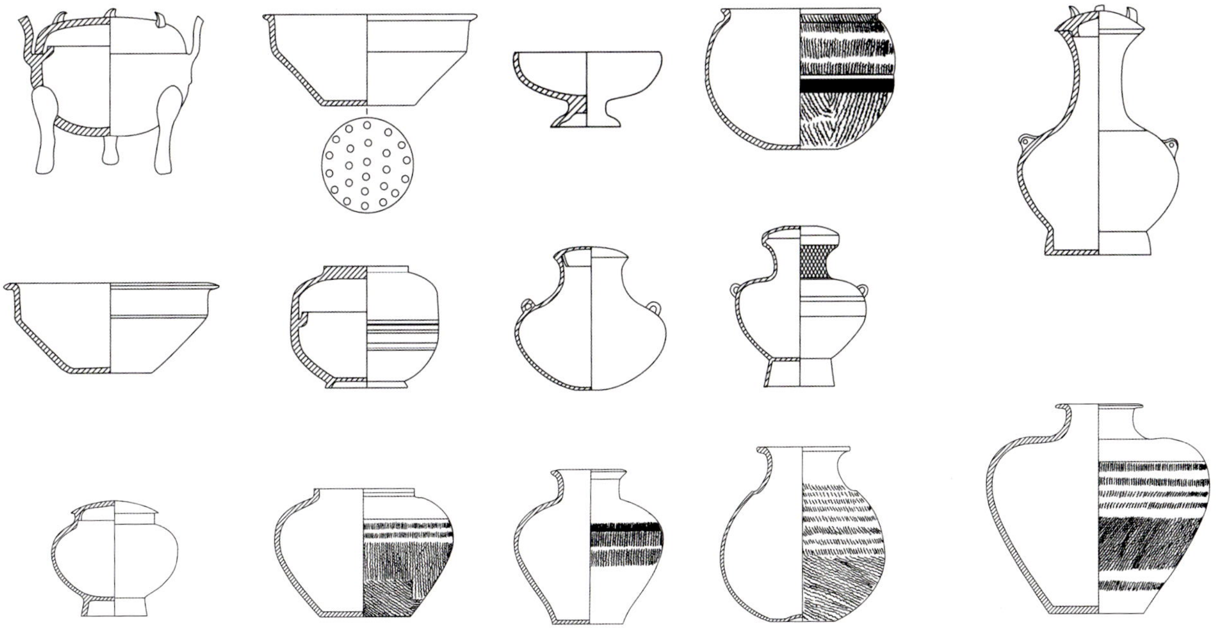

△ 岳山墓地秦墓出土陶器

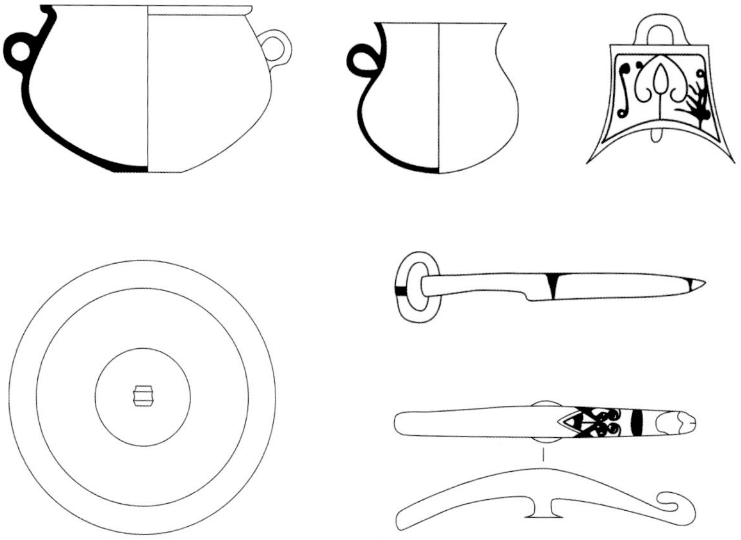

△ 岳山墓地秦墓出土铜、铁器

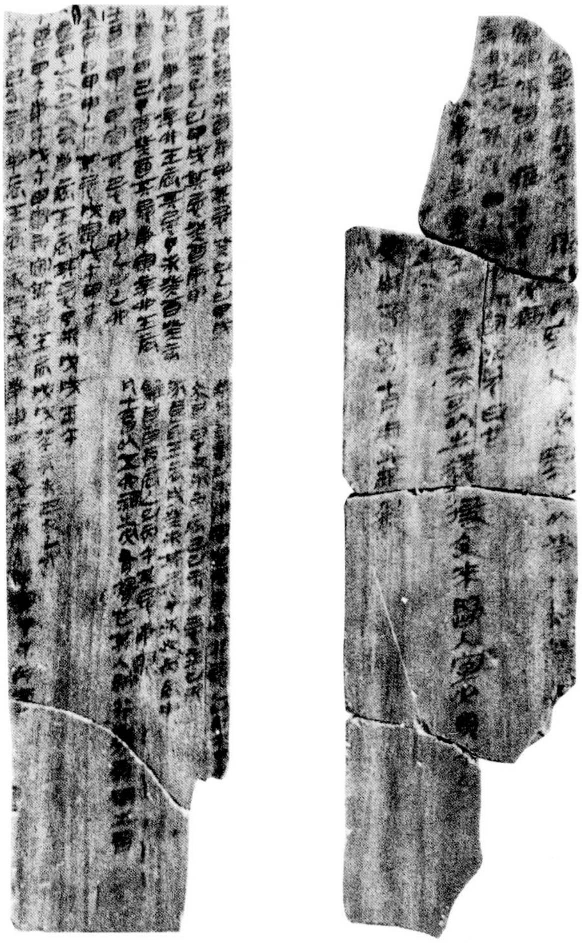

△ 岳山墓地 M36 出土木牍

楚皇城城址外围秦墓

秦占领楚皇城后依楚国城邑鄢郢设立鄢县，属南郡。其外围分布着雷家坡、魏岗、跑马堤、汤家岗等秦墓地。历年来发掘墓葬数百座，均为中小型长方形竖穴土坑墓。出土铜器有鼎、壶、蒜头壶、剑、勺、灯、镜、“半两”钱等，陶器有豆、盂、罐、甑等，铁器有削、釜等。

△ 跑马堤墓地 M1 随葬陶器组合

△ 汤家岗墓地 M36 随葬陶器组合

楚王城城址外围秦墓

楚王城为秦安陆县治，其外围有睡虎地、木匠坟、老虎墩、郑家湖、龙岗、珍珠坡、江郭等秦墓地，共发掘中小型秦墓400余座，出土大量铜、铁、陶、漆木、丝、玉、竹器和竹简、木牍等。其中睡虎地M11为秦国小吏“喜”之墓葬，该墓出土竹简1155枚，近4万字，内容有《编年记》《语书》《秦律十八种》《效律》《秦律杂抄》《法律答问》《封诊式》《为吏之道》《日书甲种》《日书乙种》等十类。龙岗M6出土竹简150余枚，内容有田律和禁苑律等，还出土了木牍。

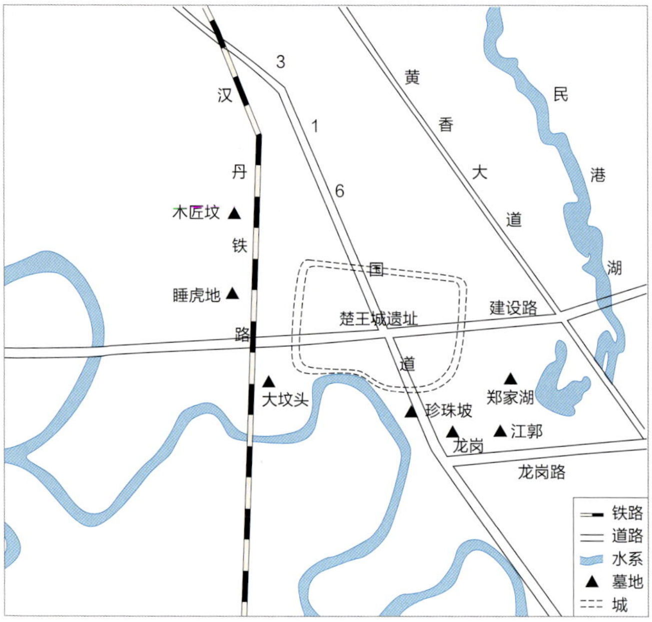

△ 楚王城城址外围秦墓地分布示意图

△ 睡虎地墓地秦墓随葬器物

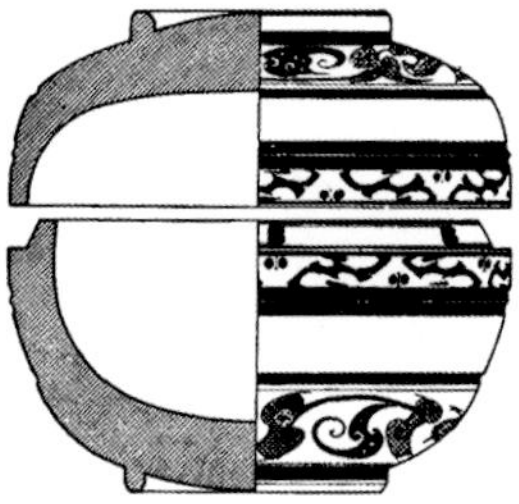

漆圆盒

盖顶花纹

底部花纹及文字

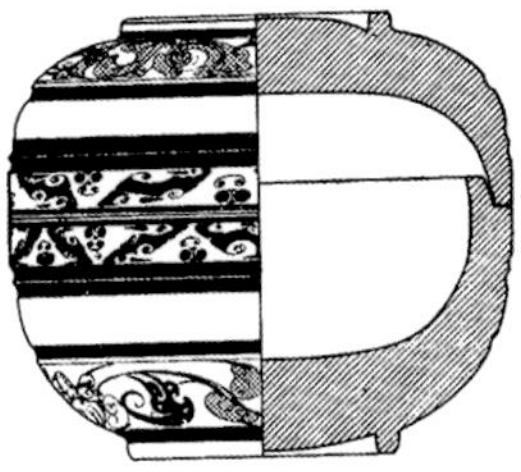

漆圆盒

盖顶花纹

底部花纹

△ 睡虎地墓地秦墓随葬漆器

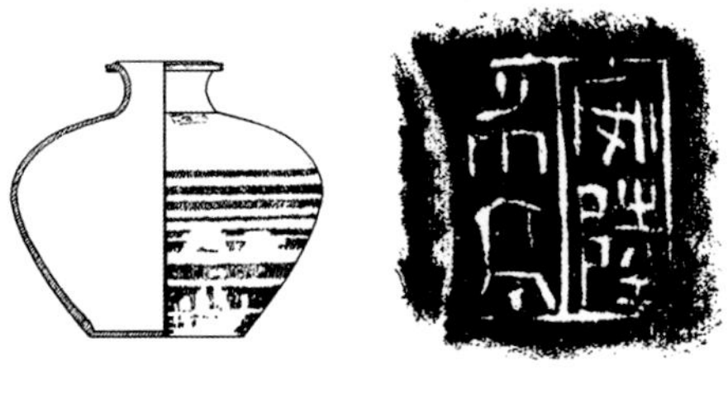

陶瓮及其陶文拓片

△ 睡虎地墓地秦墓随葬陶器

△ 郑家湖墓地 M274 出土木觚

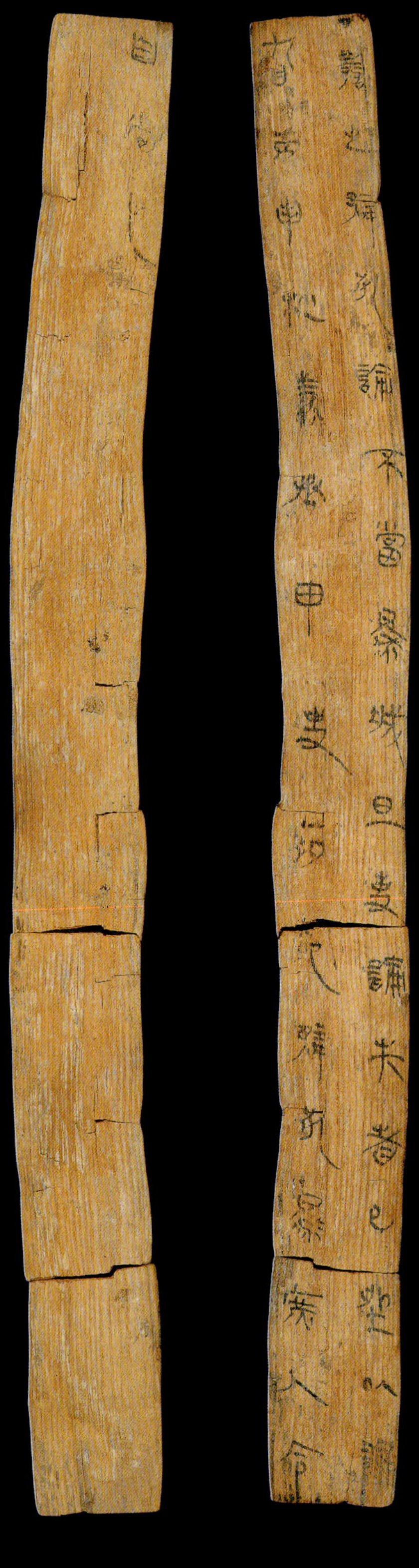

△ 龙岗墓地 M6 出土木牍

△ 江郭墓地 M12 随葬陶器组合

△ 江郭墓地 M22 随葬陶器组合

△ 江郭墓地 M16 随葬陶器组合

△ 珍珠坡墓地 M20 随葬陶器组合

△ 珍珠坡墓地 M24 随葬陶器组合

△ 郑家湖墓地 M140 随葬陶器组合

△ 郑家湖墓地 M235 随葬陶器组合

邓城城址外围秦墓

秦昭襄王二十八年（公元前279年）白起拔邓设县，邓城为秦邓县治所。其外围分布有王坡、蔡坡、团山、余岗、岭子等秦墓地。大部分为长方形竖穴土坑墓，有极少量土洞墓。出土随葬品以陶器为大宗，分为仿铜礼器和日用器两类；铜器次之；还有少量铁、玉、石、料、角、漆木器等。

△ 王坡墓地秦墓出土典型器物

△ 王坡墓地 M46 随葬陶壶

△ 王坡墓地 M50 随葬陶器

△ 余岗墓地 M796 随葬陶器组合

△ 余岗墓地 M46 随葬陶器组合

△ 余岗墓地 M810 随葬陶器组合

△ 余岗墓地 M33 随葬陶器组合

△ 郧县中学 M308 随葬铜器

△ 岭子墓地 M21 随葬陶器组合

后记

历史逐渐远去，像不尽长江滚滚东流。考古揭示了湖北地区源远流长的长江文明汇入博大精深的中华文明的历史进程，如同江汉朝宗于海。让我们在传承中弘扬荆楚文化，赓续千年文脉。

编者

2022年12月

湖北地区重大考古发现一览表

奖项名称	年度	项目	时代	地点
中国“百年百大考古发现”	2021	湖北荆门屈家岭遗址	新石器时代	荆门市屈家岭管理区
		湖北天门石家河遗址	新石器时代	天门市石家河镇
		湖北黄陂盘龙城遗址	夏商时期	武汉市黄陂区
		湖北大冶铜绿山古铜矿遗址	夏商时期	大冶市金湖街道办
		湖北随州曾侯墓群	两周时期	随州市曾都区、京山市、枣阳市
		湖北云梦睡虎地秦墓	秦汉时期	孝感市云梦县
中国20世纪100项考古大发现	2001	屈家岭遗址	新石器时代	湖北省京山县
		石家河遗址群	新石器时代	湖北省天门市
		盘龙城遗址	商代	湖北省黄陂县
		曾侯乙墓	战国	湖北省随州市
		纪南城周围的墓葬群	东周	湖北省荆州市
		铜绿山矿冶遗址	西周至汉代	湖北省大冶县
		睡虎地与龙岗秦墓	秦代	湖北省云梦县
全国十大考古新发现	1990	湖北郧县人头骨化石	旧石器时代	十堰市郧阳区曲远河口学堂梁子
	1992	湖北鸡公山遗址	旧石器时代	荆州市荆州区郢北村
	2000	湖北潜江龙湾宫殿遗址	春秋晚期至战国早期	潜江市龙湾镇
	2002	湖北巴东旧县坪遗址	六朝至宋代	宜昌市巴东县东瀼口镇
	2007	湖北郧县辽瓦店子遗址	新石器时代至两周	十堰市郧阳区柳陂镇辽瓦村四组
	2011	湖北随州叶家山西周早期曾侯墓地	西周早期	随州市曾都区淅河镇蒋寨村叶家山
	2013	湖北随州文峰塔东周曾国墓地	春秋晚期至战国中期	随州市曾都区文峰塔社区义地岗东南部
	2014	湖北枣阳郭家庙曾国墓地	西周晚期至春秋早期	枣阳市吴店镇东赵湖村
	2015	湖北大冶铜绿山四方塘遗址墓葬区	西周晚期至春秋早期	大冶市城区西南3公里
	2016	湖北天门石家河遗址	新石器时代	天门市石家河镇
	2018	湖北沙洋城河新石器时代遗址	新石器时代	荆门市沙洋县后港镇
	2019	湖北随州枣树林春秋曾国贵族墓地	春秋中晚期	随州市曾都区义地岗文峰塔墓地西
中国社会科学院考古学论坛·中国考古新发现	2002	湖北枣阳九连墩战国墓	战国	枣阳市吴店镇
	2011	湖北随州市叶家山西周墓地	西周早期	随州市曾都区淅河镇蒋寨村叶家山
	2013	湖北随州市文峰塔东周曾国墓地	春秋中期至战国晚期	随州市曾都区文峰塔社区
	2016	湖北天门市石家河新石器时代遗址	新石器时代	天门市石家河镇
	2017	湖北京山县苏家垄周代遗址	两周之际至春秋晚期	京山市坪坝镇
	2018	湖北沙洋县城河新石器时代遗址	新石器时代	荆门市沙洋县后港镇
	2019	湖北随州市枣树林春秋曾国贵族墓地	春秋中晚期	随州市曾都区义地岗文峰塔墓地西
	2020	湖北武汉市郭元咀商周遗址	商代至春秋时期	武汉市黄陂区前川大街鲁台山北麓
	2021	湖北云梦郑家湖墓地	战国晚期至西汉初	孝感市云梦县城关镇
世界考古论坛田野考古发现奖	2015（第二届）	中国西南土司遗址考古调查和发掘	宋元明清时期	恩施州咸丰县
	2017（第三届）	石家河聚落考古新发现	新石器时代	天门市石家河镇